Altmann · Inmitten unendlich vieler Welten.
Indizien für ein neues Weltbild

Heinz Altmann, geboren 1933 in Karlsruhe. Studium der freien und angewandten Grafik an der Akademie der bildenden Künste in Karlsruhe. Stationen als Grafikdesigner in Köln, Düsseldorf, Karlsruhe. Seit den 60er-Jahren, ausgelöst durch persönliche Erlebnisse, intensive Beschäftigung mit Philosophie, Naturwissenschaften, Mythen und Religionen. Der Autor lebt bei Karlsruhe.

Heinz Altmann

Inmitten unendlich vieler Welten

Indizien für ein neues Weltbild

Bibliographische Information der Deutschen Nationalbibliothek:
Die Deutsche Nationalbibliothek verzeichnet diese
Publikation in der Deutschen Nationalbibliografie;
detaillierte bibliografische Daten sind im Internet über
http://dnb.d-nb.de abrufbar.

© 2010 Heinz Altmann
Satz und Layout: Buch&media GmbH, München
Umschlaggestaltung: Kay Fretwurst, Freienbrink
Herstellung und Verlag: Books on Demand GmbH,
Norderstedt
Printed in Germany
ISBN 978-3-8391-7513-2

INHALT

TEIL 1: HEUTE

Vor dem Aus?

Aufbruch wohin?

Nichts stimmt mehr

Teil 2: Umbruch

Teil 3: Wohin will das Leben?

Geburt in ein höheres Sein?

Wert der Mitte

Sackgasse

Teil 4: Neue Perspektive

Vertraut und dennoch fremd

Die Lage ist ernst, aber nicht hoffnungslos

VORWORT

»Wohin wollen wir?« war der Titel der ersten 2003 er-
schienenen Ausgabe des vorliegenden Bandes. Damit
sollte darauf hingewiesen werden, dass der Realitäts-
gehalt unseres Weltbildes zu überprüfen wäre und dass
es starke Indizien gibt, die auf eine ganz andere Realität hinweisen – auf eine Realität aus deren Blickwinkel
anders als bisher mit Sinnfragen umgegangen werden
kann.

Nicht nur die Naturwissenschaft gibt Anlass, uns von
unserem auf das Universum festgelegte Weltbild zu ver-
abschieden, auch die weltweit zunehmenden Probleme
weisen immer stärker darauf hin, dass unser konventio-
nelles Weltbild nicht die ganze Realität ist. Das allerdings
bringt unser Jahrtausende altes Weltmodell ins Wanken
und fordert mit Nachdruck, unsere Welt- und Lebens-
auffassung zu ändern.

Eine wesentliche Ursache der Menschheitsprobleme
waren von Anfang an begrenzte Sichtweisen. In jeder
Ära herrschte eine dominierende Bewusstseinsstruktur.
Zuerst sah man nur die unmittelbare Region in der man
lebte, dann das Land, dann den Kontinent, dann die Erde.
Nirgends war ein dauerhaft überzeugender Grund für
Ethik zu finden. Jetzt da der ganze Kosmos vor unseren
Augen liegt, finden wir dafür immer noch keine allgemein tragbare Basis. Wir meinen, der Kosmos sei nie
zu begreifen, daran könne auch die Wissenschaft nichts
ändern. Doch ist dies kein Grund zur Resignation, denn

wir können uns den Geheimnissen mit Abstraktionen nähern. Abstraktionen erlauben Wissenschaftlern und Laien, hochkomplexe Zusammenhänge aufs Wesentliche zu komprimieren. So kann sich jeder, der über ein gesundes Empfinden verfügt, elementaren Wahrheiten nähern und auch zu tiefen Einsichten in ethischen Fragen gelangen. Zu diesem Abenteuer möchte dieses Buch einladen.

Da es keine allen Fachgebieten gemeinsame Sprache gibt, lassen sich übergreifende Zusammenhänge nicht artikulieren. Dazu bedarf es der Umgangssprache, die alle Wissenschaftler mit den Nichtwissenschaftlern teilen.
(Thesaurus der exakten Wissenschaften, Serres & Farouki, Zweitausendeins)

Teil 1: Heute

Vor dem Aus?

Die Menschheit ist an einem Punkt angekommen, wo sie sich fragt, wie es denn weitergehen soll. Gewesenes erweist sich als unzulänglich, angehäuftes Wissen wächst weiter, täglich wird es mehr – mehr Licht kam nicht in die Welt.

Feierabend

»So, das war's für heute. Jetzt beginnt der gemütliche Teil: Entspannen vor dem Fernseher. Gleich kommt die Tagesschau. Mal sehen, was es Neues gibt … Aha, mal wieder ein Lebensmittelskandal in großem Stil. Die können einfach den Hals nicht voll kriegen. Verbraucher sind denen egal. Hauptsache die Kasse stimmt … Grausam! Schon wieder ein Terroranschlag. Nimmt das denn gar kein Ende? … Ach ja! Die Sozialreform ist mal wieder dran. Wie wollen die das auf die Reihe kriegen? Und jetzt, wieder das Milliardenloch bei den Krankenkassen … Natürlich! Verkehrsinfarkt! Wie wird das erst in der Ferienzeit? … Mein Gott! – Es ist ja furchtbar! Schon wieder ein Familiendrama mit tödlichem Ausgang … Die Jugend, das ist auch so ein Thema. Was soll das mal werden! – Nichts als Rumhängen, Rüpeln, Prügeln, Saufen, Kiffen. Das hätten wir uns mal erlauben sollen … Schon wieder Hochwasser in einer Gegend, wo es so etwas nie gab. Und woanders trocknet alles aus … Ja und die Waldbrände, in diesem Ausmaß gab es das früher auch nicht. Gestern waren es Wirbelstürme, die alles verwüsteten, und vorgestern war das schwere Erdbeben, dem Tausende zum Opfer gefallen sind. Man fühlt sich ja nirgends mehr sicher! Unseren Urlaub machen wir in diesem Jahr besser auf Balkonien … Na endlich kommt Sport. Das ist noch der beste Teil. Aber ohne Doping und gekaufte Profis geht es wohl nicht … Mal sehen, was das Wetter bringt: … Ein Tief von Nordwesten bringt Sturmböen und heftige Niederschläge. Hoffentlich bleiben wir verschont … Das war's mal wieder. Jetzt kommt Werbung. Zeit für den Toilettengang. Nachher kommt ein Krimi und dann was Lustiges.« …

»Spiele und Brot« – hat sich etwas seit den Zeiten des alten Roms geändert? – Etwas schon: Heute geht es um mehr als den Untergang eines Imperiums.

REALITÄT, WAS IST DAS?

Das Sein an sich kann man als Realität bezeichnen. Wir nehmen aber nur winzige Ausschnitte davon wahr. Und das Wahrgenommene sehen wir aus der Perspektive unseres begrenzten Lebens. Für uns ist eben unser Leben und alles, was uns lieb und wert ist, die Realität. Im Rahmen der universalen Realität ist das allerdings wie nichts. Insofern lebt jeder Mensch in seiner eigenen Welt wie in einer Seifenblase – mehr oder weniger bequem, solange kein dunkler Dämon mit spitzem Finger die dünne Haut berührt. Geschieht das, dann fällt man in die *wahre* Realität und fühlt sich schutzlos. Das muss aber nicht die ultimative Katastrophe sein, es kann auch Chance für einen Neuanfang in einer realistischeren Lebenswelt sein.

Beispiel: Seine Chance verpasste jener Arzt in einem Krebsforschungsinstitut, der an einem Forschungsprojekt beteiligt war. Mit Neid sah er auf seine erfolgreiche Kollegin. Sie unterschlug ihm angeblich wissenschaftliche Informationen. Blind vor Neid fasste er den heimtückischen Plan, sie mit krebserregenden Substanzen zu vergiften. Glücklicherweise konnte sie gerade noch vor dem Schlimmsten bewahrt werden. Nachdem der Täter bei der Polizei ein Geständnis abgelegt hatte, beging er Selbstmord.

Seine Weltsicht, wie sie ihm bis zur Offenlegung der Tat zu eigen war, war ein egozentrisches Gebilde aus Wunschträumen, falscher Hoffnung und Trugbildern: dünn, künstlich, verletzlich und falsch. Nun musste er erkennen, dass seine Welt zerplatzt war. Seine Karriere war hin, sein gesellschaftliches Ansehen zerstört. In seiner Wertewelt konnte er keine Werte für die Stärkung seines beschädigten Selbstwertgefühls finden. Zu früh gab er auf.

Was hätte es ihm gebracht, wenn er sich der wahren Realität gestellt hätte? Eine neue Welt hätte sich aufgetan. Der substanzlose Schein seiner Welt wäre gehaltvolleren Werten gewichen. Vertrauen in die Urkraft des Seins hätte er erwarten können. Mit neuem, realistischerem Blick hätte er aber auch gesehen, dass er als Individuum in der realen Welt einen verschwindend kleinen Raum einnimmt und sein Existenzrecht nicht über dem anderer Lebewesen und der natürlichen Ordnung der Dinge steht. Er hätte sogar erkennen können, dass sich die Schöpfung in seinem Bewusstsein selbst betrachten möchte. Diese Erkenntniskonstellation wäre ein Heilmittel für sein gebrochenes Selbstwertgefühl gewesen.

Schließlich hätte er erkennen können, dass er im Innersten gar nicht klein, sondern für eine hohe Position in der Schöpfung prädestiniert ist. Ihm wäre klar geworden, dass ihn seine Geisteskraft zur Verantwortung für alle Wesen und Dinge der Welt verpflichtet. So viel Erkenntnis hätte ihn zwar nicht vor dem Absitzen einer Strafe bewahrt, aber es hätte ihm die Möglichkeit gegeben, konstruktiv damit umzugehen. Er wäre sich selbst und der realen Welt ein gutes Stück näher gerückt. Was so viel heißt wie: näher am Sein und entfernter vom Nichtsein.

Wert des Übels

Die oft gescholtene Schnelllebigkeit unserer Zeit ist nicht nur schlecht, sie hat unter anderem den Vorteil, dass Falsches schneller ans Licht kommt und menschliches Fehlverhalten stärker ins Auge fällt.

Vieles ist im Vergleich zu früher besser geworden, nicht alles wird gut angewendet. Heute verfügen Menschen über Freiheiten, von denen sie früher nur träumen konnten. Das ist zwar gut, aber warum wollen immer alle in der Welt der gleichen Mode nachlaufen? Rund um den Globus werden Produkte und Verhaltensweisen einander immer ähnlicher, auch die Citys. Man sagt, die Medien, der Tourismus, die Globalisierung bringe das mit sich. Das müsste aber nicht sein. Mit selbstbewusstem Freiheitswillen könnte jeder Mensch und jedes Volk mit sich selbst identisch sein. Ergebnis wäre: natürliche Vielfalt zum Nutzen und zur Freude aller.

Den Verlust alter Werte und Orientierungen beklagt man. Aber ist das wirklich ein Grund zum Klagen? Einige der hochgelobten Werte, wie beispielsweise unbedingter Gehorsam, unsinnige Gesellschaftsnormen und übertriebenes Nationalbewusstsein, haben wesentlich zum Leid in der Welt beigetragen.

Werte und Orientierungsziele sind wichtig, denn sie dienen zum einen der Lebensbewältigung, zum andern befriedigen sie das elementare Verlangen nach Anerkennung. Anerkennung wird aber meist am falschen Ort gesucht, eher außen anstatt innen. Von außen droht Fremdbestimmung, innen hingegen ist Authentizität. Dort im Innersten ist das Selbst. Es verbindet das eigene Leben mit der Wirkkraft des ewigen Seins. Falsche Orientierung produziert falsche Werte, zudem verbraucht sie nutzlos Lebensenergie. Es ist allerdings nicht leicht, die verschüttete Authentizität freizulegen, es erfordert Mut zu sich selbst, und viel Geduld. Ihr wahrer Wert zeigt sich mit Sicherheit jedem an seinem Lebensende. Dann ist es ein Unterschied, ob das Ich und das Selbst gemeinsam vor dem Ende stehen oder jedes für sich allein. Das Ich, das sollte man bedenken, verkörpert nur die mit dem Körper verbundene persönliche Welt. Das Selbst hingegen ist das eigentliche Wesen, es enthält die eigene, naturgegebene Struktur und deren Verbundenheit mit der elementaren Lebenspotenz. Vielleicht wollen uns dies die modernen Übel beibringen.

TEUFELSKREIS

Die technischen Möglichkeiten haben sich in den letzten Jahrhunderten so rasant vermehrt, sodass Projekte viel schneller und wirkungsvoller als früher realisiert werden können. Jedoch entsprechen das Tempo und die Vielfalt der Veränderungen weder der Wesensart noch der Aufnahmefähigkeit des Menschen. Die Folge ist ein verhängnisvoller Regelkreis:

- Die Auswirkungen des Fortschritts stören nicht nur das Gleichgewicht der Natur, sondern auch das des Menschen, zum Nachteil seiner Persönlichkeitsentfaltung.
- Allgemeine Behinderung der Persönlichkeitsentfaltung erschwert lebenswichtige Korrekturen bei sich selbst, bei der Gesellschaft und der Natur.
- Maßnahmen zur Unterstützung der Persönlichkeitsentfaltung und gesellschaftliche Korrekturen bleiben aus. Der Blick für das Ganze geht verloren.
- Die allgemeine Begrenzung der Sicht verunsichert besonders Heranwachsende und erschwert ihren Weg zu sich selbst, somit auch ihren Umgang mit der Realität – nicht nur zum eigen Nachteil, auch zum Nachteil der Allgemeinheit sowie der Ordnung der Natur.

Dieses System verformt Menschen für spezielle Zwecke und preist die erfolgreich Verformten als Ideal. Weil sich aber in der modernen Welt systembedingte Anforderungen rasch ändern, ändert sich schnell der Bedarf an Spezialisten. Menschen, die heute noch den Anforderungen genügen, passen morgen schon nicht mehr ins System. Gnadenlos werden sie aussortiert. Für die Wirtschaft sind die Aussortierten nicht verloren, immerhin bleiben sie Konsumenten. Die aus dem Arbeits- und Leistungsprozess Ausgeschiedenen kann nichts darüber hinwegtäuschen, dass sie das, was gemeinhin als Lebenssinn gilt, nämlich in jeder Hinsicht leistungsfähig zu sein, bereits hinter sich haben. Entsprechend schlecht ist ihr Selbstwertgefühl.

Die Situation ist paradox: Ohne hochgradige Arbeitsteilung wäre der hohe technische Standard nicht möglich geworden. Ohne Aufstieg zu diesem Standard mit seinen Kommunikationsmöglichkeiten gäbe es wohl keine Demokratie, die so viel politische Freiräume zulässt. Andererseits behindert dieses System massiv die Persönlichkeitsentfaltung und schädigt die Volksgesundheit – ja die Gesundheit der ganzen Welt. Gibt es da einen Ausweg?

SCHEINREALITÄTEN TRAGEN NICHT

Ist unsere Kultur so arg daneben? Das kann doch nicht sein. Wie wäre sonst so viel technischer und wissenschaftlicher Fortschritt zu erklären? Und wieso gibt es heute so viel Freiheit?

Jede Generation in allen Kulturen und zu allen Zeiten bemühte sich um ein »stimmiges« Weltbild, das heißt um ein Weltbild, das – entsprechend den Erkenntnissen seiner Zeit – am besten der Erfüllung von Bedürfnissen und Wünschen dient. Differenzen zwischen Ideen, Interessen und Mächten gab es immer. Selten wurden sie gut bewältigt. Weniger die Vernunft als vielmehr dominierende gesellschaftliche und finanzielle Mächte waren in der Regel für den Erfolg entscheidend. Selbst in besten Zeiten wurde nicht nur nach vernünftiger Einsicht gehandelt, fast immer kamen solche Pläne zum Tragen, welche den Empfindungen und Wünschen einer mächtigen Minderheit oder, in Ausnahmen, einer machtvollen Mehrheit entsprachen.

In jeder Kultur und jeder Epoche wurden die Machthaber von der gerade herrschenden Weltanschauung getragen. Machthaber selbst fragen kaum danach, ob ein Weltbild richtig oder falsch ist. Das Weltbild ihrer Zeit ist für sie nur insofern von Bedeutung, als sie darin Legitimation ihrer Macht finden. Deshalb kennt die Geschichte so viele Beispiele, in denen Mächtige mit Gewalt Veränderungen am Weltbild ihrer Zeit zu verhindern suchten. Die Realität jedoch walzt über kurz oder lang alles Realitätsferne nieder.

Bis heute sind viele Varianten politischer Experimente durchgespielt, ohne zu einem befriedigenden Ergebnis zu kommen. Vielleicht sähe es in der Welt anders aus, wenn man zu Beginn der Moderne nicht den Gedanken hätte aufkommen lassen, dass alles nur physikalisch sei.

AUFBRUCH WOHIN?

Von Anfang an ist die Menschheit auf der Suche nach ihrer Heimat.

DIE WELTBILDKRISE

Aus dem embryonalen Tiefschlaf kam die Menschheit in das Dämmerlicht der Welt. Im Konflikt zwischen sichtbaren Dingen und unsichtbaren Kräften wuchs ihr Bewusstsein; unbelastet von naturfremden Zivilisationselementen gestalteten sich ihre Weltbilder. Ihr mentaler Wandertrieb führte sie durch die reine Natur, bis sie schließlich an die verlockende Schwelle utopischer Welten kam, die nach Realisierung drängten.

Die west-östliche Hemisphäre bot dazu offenbar gute Voraussetzungen. Von da aus beschritt jener Teil der Menschheit, der später alle Menschen und Kulturen der Erde unter seinen Einfluss bringen sollte, einen abenteuerlichen Weg, zuerst hinein in die Antike, dann ins europäische Mittelalter und schließlich in die Neuzeit und die Moderne. Es ist ein Weg großer Erfolge, aber auch großer Verirrungen und Verwirrungen.

Bis zum Ende des 14. Jahrhunderts betrachtete man im Abendland die Welt als organische Einheit. Die Menschen lebten in kleinen Gemeinschaften, wobei die Bedürfnisse des Einzelnen jenen der Gemeinschaft untergeordnet waren. Die Natur erfuhren sie als eine Abfolge organischer Prozesse, wobei sie sich selbst in wechselseitiger spiritueller und materieller Abhängigkeit von ihr sahen. Eine wissenschaftliche Sicht der Welt entstand in der Antike und wuchs ins Mittelalter hinein. Die mittelalterliche Wissenschaft beruhte noch auf Vernunft und Glaube. Die Dinge zu verstehen, anstatt sie zu beherrschen, war das Ziel.

Im 16. und 17. Jahrhundert änderte sich die mittelalterliche Weltanschauung radikal. Nikolaus Kopernikus (1473–1543) leitete den Zerfall des geozentrischen Weltbildes ein. Die Erde war nun nicht mehr der Mittelpunkt des Universums; der Mensch musste seine stolze Position als zentrale Figur der göttlichen Schöpfung räumen. Galileo Galilei schließlich (1564–1642) gab dem Weltbild ein neues wissenschaftliches Fundament, indem er wissenschaftliche Experimente mit mathematischer Sprache verknüpfte und zugleich die Wissenschaftler aufforderte, sich auf das Studium der wesentlichen Eigenschaften materieller Körper zu beschränken – auf Formen, Zahlen und Bewegungen –, die gemessen und quantifiziert werden konnten. Andere Eigenschaften, wie etwa Farbe, Klang, Geschmack oder Geruch, waren für Galilei nur subjektive Projektionen des Geistes, die aus dem Forschungsbereich der Wissenschaft ausgeschlossen werden mussten.

Zur gleichen Zeit führte Francis Bacon (1561–1626) die empirische Wissenschaftsmethode in England ein. Er formulierte eine klare Theorie der induktiven Methode – Experimente zu machen und aus ihnen allgemeine Schlussfolgerungen zu ziehen, die dann in weiteren Experimenten überprüft werden. Seit Bacon ist das Ziel der Wissenschaft, Wissen zu erwerben, das zur Beherrschung und Kontrolle der Natur genutzt werden soll.

In dieser Zeit formte auch René Descartes (1596–1650) neue Erkenntnisse, die zur Grundlage der modernen Philosophie wurden. Sein Streben war, in allem Wissenschaftlichen Wahrheit von Irrtum zu scheiden. Er sagte: »Alle Wissenschaft ist sicheres, evidentes Wissen«, ferner: »Wir lehnen alles Wissen ab, das nur wahrscheinlich ist, und meinen, dass nur die Dinge geglaubt werden sollen, die vollständig bekannt sind und über die es keinen Zweifel geben kann.« Descartes Methode war analytisch. Sie bestand darin, Gedanken und Probleme zu zerlegen und diese gemäß ihrer logischen Ordnung aufzureihen. Diese analytische Denkmethode wurde zum wesentlichen Charakteristikum des modernen wissenschaftlichen Denkens. Mit dieser Methode gelang der modernen Wissenschaft unter anderem der Start in den Weltraum. Die hohe Bewertung der kartesianischen Methode führte zugleich aber auch zur Zersplitterung des Denkens und Verunsicherung des Fühlens.

Für Descartes war das materielle Universum nichts weiter als eine Maschine. In der Materie gab es, seiner Meinung nach, weder Sinn, noch Leben. Wie Bacon war er der Ansicht, Ziel der Wissenschaft sei die Beherrschung und Kontrolle der Natur. Er bekräftigte, wissenschaftliche Kenntnisse könnten genutzt werden, um uns zu Herren und Besitzern der Natur zu machen. Selbst Pflanzen und Tiere waren Maschinen für ihn. Und auch den menschlichen Körper sah er als animalische Maschine, allerdings bewohnt von einer vernunftbegabten Seele.

Descartes war der Meinung, Geist und Materie seien getrennt und fundamental voneinander verschieden. Er gründete seine gesamte Naturanschauung auf der Unterscheidung von zwei unabhängigen und getrennten Bereichen: dem des Geistes (das denkende Ding) und dem der Materie (das ausgedehnte Ding). Für beides war Gott, nach Descartes Ansicht, der gemeinsame Bezugspunkt. In späteren Jahrhunderten entwickelte sich die Wissenschaft entsprechend dieser kartesianischen Trennung in Geisteswissenschaften und in Naturwissenschaften, allerdings in zunehmendem Maß ohne Bezugnahme auf Gott.

Als Folge dieser Spaltung hielt man die Welt für ein mechanisches System, das objektiv beschrieben werden konnte, ohne dass der menschliche Beobachter je erwähnt wurde. Eine derart objektive Beschreibung der Natur wurde zum Ideal der gesamten Wissenschaft.

Isaac Newton (1643–1727) vervollständigte diese Richtung durch seine mathematische Ausformulierung der mechanistischen Naturauffassung. Er vereinigte die von Bacon vertretene induktive Methode mit der von Descartes vertretenen rationalen Methode zur Methodologie, auf der bis heute die Wissenschaft beruht.

Newton entwarf das Bild einer vollkommenen Weltmaschine. Das erforderte einen außerhalb der Welt stehenden Schöpfer, einen monadischen Gott, der die Welt von oben regiert, indem er ihr seine göttlichen Gesetze auferlegt. Die physikalischen Vorgänge selbst galten nicht als göttlich. Und als die Wissenschaft es zunehmend schwieriger machte, an Gott zu glauben, verschwand das Göttliche gänzlich aus der wissenschaftlichen Weltanschauung.

Im 19. Jahrhundert erreichte das mechanistische Weltmodell in Physik, Biologie und Psychologie eine komplexere und subtilere Struktur. Gleichzeitig jedoch machten neue Entdeckungen und neue Formen des Denkens die Grenzen deutlich.

Ein wesentlicher Impuls zu dieser Entwicklung war die Entdeckung und Erforschung elektrischer und magnetischer Phänomene, die auf einer neuen Kraft beruhten, damals aber durch das mechanistische Modell nicht richtig beschrieben werden konnte. Michael Faraday (1791–1867) und James Clerk Maxwell (1831–1819) waren die ersten, die über die Newton'sche Physik hinausgingen, indem sie den Begriff der Kraft durch den viel subtileren Begriff eines Kraftfeldes ersetzten. Sie wiesen nach, dass die Kraftfelder ihre eigene Wirklichkeit haben und ohne Bezugnahme auf materielle Körper untersucht werden können. Diese Elektrodynamik genannte Theorie gipfelte in der Erkenntnis, dass Licht ein schnell wechselndes elektromagnetisches Feld ist, das sich in Form von Wellen durch den Raum ausbreitet. Maxwell versuchte, seine Ergebnisse mit mathematischen Begriffen zu erläutern, was ihm allerdings nicht zur Zufriedenheit gelang. Erst Albert Einstein (1879–1955) konnte nachweisen, dass elektromagnetische Felder mechanisch nicht erklärbar sind.

Ein weiterer Gedanke führte über die Idee der »Weltmaschine« hinaus: die Evolution. Der Begriff Evolution beinhaltet den Gedanken, dass der gegenwärtige Zustand der Erde das Ergebnis einer fortlaufenden Entwicklung ist. Diese Idee des Werdens kam ursprünglich aus der Geologie, wo sorgfältige Studien von Versteinerungen die Wissenschaftler auf den Gedanken brachten, dass der gegenwärtige Zustand der Erde das Ergebnis einer fortlaufenden Entwicklung sei, verursacht durch das Wirken von Naturkräften über einen riesigen Zeitraum hinweg. Jean Baptiste de Lamarck (1744–1829) war der erste, der eine zusammenhängende Evolutionslehre vorlegte, nach der alle Lebewesen sich unter dem Druck ihrer Umwelt aus früheren, einfacheren Formen entwickelt haben. Einige Jahre später legte Charles Darwin (1809–1882) eine überwältigende Anzahl von Beweisen für die biologische Evolution vor, womit dieses Phänomen für die Wissenschaftler über jeden Zweifel erhaben war.

Die Entdeckung der Evolution in der Biologie zwang die Wissenschaft endgültig zur Aufgabe der kartesianischen Auffassung von der Welt als Maschine. Stattdessen musste man jetzt das Universum als ein lebendiges, sich entwickelndes und sich ständig änderndes System beschreiben, in dem sich komplexe Strukturen aus einfacheren Formen bilden. Während die Wissenschaft vom Leben diese neue Denkweise erarbeitete, tauchten gleichzeitig evolutionäre Theorien auch in der Physik auf. Im Gegensatz zur Biologie, die in der Evolution eine Bewegung in Richtung wachsender Ordnung und Komplexitätssteigerung sah, definierte sie die Physik genau entgegengesetzt, in Richtung einer zunehmenden Unordnung. Man gab dieser negativen Evolution die Bezeichnung »Entropie« (dieser Ausdruck ist eine Kombination von »Energie« und »tropos«, dem griechischen Wort für Umwandlung). Sie besagt, dass, gemäß dem zweiten Hauptsatz der Wärmelehre, die Energie bei Zustandsänderungen des Systems nicht abnehmen kann. Zum Beispiel kann mechanische Arbeit zwar vollständig in Wärme, nicht aber Wärme vollständig in mechanische Arbeit umgewandelt werden. Das Zunehmen der Entropie in physikalischen Systemen konnte mit den Gesetzen der Newton'schen Mechanik nicht erklärt werden. Es blieb geheimnisvoll, bis Ludwig Boltzmann (1844–1906) die Lage klärte, indem er eine zusätzliche Idee ins Spiel brachte, die Idee der Wahrscheinlichkeit. Boltzmann erkannte, dass der Energiesatz gleichbedeutend ist mit folgender Wahrscheinlichkeitsaussage: Die auf die einzelnen Moleküle eines Körpers verteilte Bewegungsenergie geht stets von einem weniger wahrscheinlichen Verteilungszustand in einen wahrscheinlicheren über, nicht aber umgekehrt. Sind zum Beispiel alle Luftmoleküle zu Anfang in einer Zimmerecke, so verteilen sie sich gleichmäßig in diesem Zimmer: die Entropie nimmt zu. Es ist jedoch praktisch ausgeschlossen (obwohl theoretisch möglich), dass umgekehrt die gleichmäßig verteilten Moleküle sich einmal alle in einer Zimmerecke ansammeln. Das besagt, dass die Natur die Tendenz hat, von Zuständen geringerer zu solchen größerer Wahrscheinlichkeit überzugehen. Sie hat das Bestreben, auszugleichen, zu nivellieren.

Das Bild der Entropie in der Physik steht also in scharfem Gegensatz zum Evolutionsverständnis der Biologie. Nach Beobachtungen in der Biologie bewegt sich das Leben auf der Erde von der Unordnung zur Ordnung, in Richtung auf Zustände stetig wachsender Komplexität.

Die Begriffe in Maxwells Elektrodynamik und Darwins Theorie der Evolution gingen eindeutig über das Newton'sche Modell hinaus und deuteten darauf hin, dass das Universum weit komplexer war, als Newton und Descartes es sich vorgestellt hatten.

Die Erforschung der atomaren und subatomaren Welt im 20. Jahrhundert brachte die Wissenschaftler schließlich noch viel intensiver in Kontakt mit einer fremdartigen Wirklichkeit. Sie brachte die Grundlage ihrer Weltanschauung zum Einsturz und zwang sie, ihr Denken ganz neu auszurichten. Nichts Ähnliches war in der Wissenschaft je zuvor geschehen. Frühere weltanschauliche Revolutionen waren zwar für viele Menschen schockierend, die Ideen jedoch waren nicht schwer zu begreifen. Im 20. Jahrhundert standen die Wissenschaftler – und mit ihnen die ganze Menschheit – nun erstmals vor einer ernsthaften Herausforderung ihrer Fähigkeit, das Universum zu verstehen. Jedes Mal, wenn sie die Natur durch ein Experiment befragten, antwortete diese mit einem Paradoxon. Mit ihrer mechanistischen Ansicht der klassischen Physik, die auf der Vorstellung von festen Körpern beruhte, die sich im leeren Raum bewegen, konnten sie die neue Wirklichkeit nicht begreifen. Denn in der neuen Dimension der Wirklichkeit hat »leerer Raum« seine Bedeutung verloren, und der Begriff »fester Körper« findet in der Wissenschaft vom unendlich Kleinen keine Begründung mehr. Versuche hatten gezeigt, dass Atome keine unzerstörbare Festkörper, sondern »leerer« Raum sind, in dem sich extrem kleine »Teilchen« bewegen, die jedoch keine Festkörper im Sinne der klassischen Physik sind. Sie sind als subatomare Einheiten sehr abstrakte Gebilde mit einer doppelten Natur. Je nachdem, wie sie angesehen werden, erscheinen sie manchmal als Teilchen, manchmal als Welle. Es erscheint unmöglich, zu akzeptieren, dass irgendetwas gleichzeitig ein Teilchen, das heißt ein auf kleinstem Raum beschränktes Gebilde, und zugleich eine Welle sein kann, die sich über weite Räume ausdehnt. Dieser paradoxe Widerspruch führte schließlich zur Formulierung der Quantentheorie.

In ihrem Bemühen, diese neue Wirklichkeit zu begreifen, wurden die Wissenschaftler sich schmerzlich bewusst, dass ihre Grundbegriffe, ihre Sprache und ihre ganze Art zu denken nicht ausreichte, diese Phänomene zu begreifen. Ihr Problem war nicht nur intellektueller Art, es schloss auch eine tief greifende, emotionale, existenzielle Erfahrung ein. Der Schock ist bis heute nicht verkraftet. (*Angelehnt an Fritjof Capras großartiges Werk: »Wendezeit. Bausteine für ein neues Weltbild«, Scherz Verlag, 204, S. 51ff.*)

DIE OHNMACHT DER WISSENSCHAFT

Unser ehemals rundes Weltbild hat auf seinem Weg durch die Geschichte sein Zentrum verloren und ist aus der Form geraten. Anfang und Ende der Dinge verschwanden im Nichts. Ziellos treibt nun die moderne Welt durch die Zeit. Immer noch setzen viele Menschen ihre Hoffnung in die Wissenschaft. Immer deutlicher wird, dass diese Hoffnung nicht erfüllt werden kann. Die Wissenschaft kann zwar herausfinden, wie die physikalische Welt funktioniert, aber nicht warum sie funktioniert. Solange man über das Warum nichts weiß, fehlt das Fundament für ein sinnvolles Weltbild.

Hochenergie- oder Teilchenphysik, die die fundamentalen Kräfte und Bausteine der Natur erforscht und den Anspruch der Physik bislang als »Königsdisziplin« begründete, habe an Ansehen eingebüßt, klagt der Physiker Sidney Nagel im Fachblatt Physics Today. »Die Physik ist in der Krise. Wir haben unsere Ideale und unseren Fokus als einheitliches Forschungsfeld verloren.«

Große Hoffnung setzt nun die Teilchenforschung auf gigantische Technik. Gelänge es auf diesem Weg das letzte Geheimnis der Materie zu lüften, wäre dann das kranke Weltbild zu heilen?

Kurz und poetisch sagt es Professor Hans-Joachim Blome (Fachbereich Luft- und Raumfahrttechnik der Fachhochschule Aachen): »Die Vision, die ganze Welt aus den Naturgesetzen abzuleiten, mag so unerreichbar sein wie das Berühren des Regenbogens.«

GETRÜBTE SICHT

Wie sehr heute noch das mechanistische Weltbild das allgemeine Denken dominiert, erfährt man, wenn man erkrankt und ärztliche Hilfe braucht. Zunehmende Spezialisierung der Mediziner und gesteigerte technische und medikamentöse Möglichkeiten lassen immer mehr die Person des Patienten vergessen. Aus der Sicht des Arztes steht der Erfolg der gerade angewendeten Methode mit der eingesetzten Technik und den verabreichten Medikamenten im Vordergrund seiner Bemühungen, der Mensch tritt dabei zurück. Die Schulmedizin zerlegt in ihrem spezialisierten Denken den Körper in einzelne Organe und diese wiederum in Segmente, dabei vernachlässigt sie die Tatsache, dass alle Teile zusammenwirken und das Ganze von einer Seele maßgeblich mitbestimmt ist. Auf der Grundlage dieses Verständnisses werden nur Symptome behandelt, ohne nach Ursachen zu fragen.

Patienten vertrauten lange der akademischen Kunst. Inzwischen kritisieren nicht nur unzulänglich behandelte Patienten die Leistung der Ärzte, jetzt hört man auch kritische Töne aus der Ärzteschaft selbst.

Der amerikanische Krebsarzt Bernie Siegel schreibt in seinem Buch »Prognose Hoffnung« (Econ Verlag, 1988): »Die Vernachlässigung der Geist-Körper-Einheit durch die technologische Medizin ist nur eine kurze Verirrung, wenn man sie gegen die ganze lange Geschichte der Heilkunst hält. In der traditionellen Stammesmedizin wie auch in unserer westlichen Medizin seit ihren Anfängen im Werk von Hippokrates ist immer die Notwendigkeit erkannt worden, den Körper des Patienten über seinen Geist zu erreichen. Bis zum 19. Jahrhundert hat das medizinische Schrifttum stets auf den Einfluss von Kummer, Verzweiflung oder Mutlosigkeit zu Beginn oder am Ende einer Krankheit hingewiesen, genauso wie die heilende Wirkung von Vertrauen, Zuversicht und Frieden des Geistes hervorgehoben wurde. Innere Zufriedenheit wurde als Vorraussetzung für die Gesundheit angesehen. Aber die moderne Medizin

hat durch die Medikamente so viel Macht über bestimmte Krankheiten erworben, dass sie die potentielle Kraft,
die dem Patienten eigen ist, vergessen hat.«

Wie, muss man sich fragen, soll ein Mensch im mechanistischen Weltbild seine potenzielle Heilkraft finden?

NICHTS STIMMT MEHR

Gradwanderung am Abgrund des Seins.

ANFANG IM UNVORSTELLBAREN

Immer deutlicher wird, dass die Welt mit herkömmlichem Denken nicht verstanden werden kann. Längst ist belegt, dass der Schöpfungsanfang immaterieller Art war und dass die Materie der Welt im subatomaren Bereich formlos ist.

Aus diesem Grund kann weder die Ursache der Welt noch ihre materielle Basis wissenschaftlich eindeutig beschrieben werden. In Ermangelung angemessener Begriffe werden die materiellen Urgründe als ungeheure Dichte und ungeheurer Druck umschrieben. Damit ist aber keine Dichte und kein Druck im Sinne von zusammengedrückten Materieklumpen gemeint, sondern einfach nur der elementare immaterielle Zustand.

Erwiesen ist: Am Schöpfungsanfang war nur Energie. Der erste Schritt in die Materialisierung begann mit unvorstellbarer Hitze. Nach einer Hundertstelsekunde am Anfang betrug die Temperatur etwa hunderttausend Millionen Grad Celsius. Selbst im Zentrum der heißesten Sterne herrscht nicht eine derartige Hitze; sie war so groß, dass keiner der Bausteine, aus denen die gewöhnliche Materie sich zusammensetzt, hätte bestehen können. Was bei dieser »Explosion« auseinanderflog, war zu diesem Zeitpunkt pure Energie. Bei allmählicher Abkühlung entstanden daraus verschiedene Typen der sogenannten Elementarteilchen. Erst bei weiterer Abkühlung konnte sich feste Materie bilden.

Die Explosion am Schöpfungsanfang, war keine Explosion, wie wir sie kennen. Nach unserem Verständnis gehen Explosionen von einem bestimmten Zentrum aus und breiten sich in die Umgebung aus. Mit dem als »Urknall« beschriebenen Schöpfungsanfang ist eine Explosion gemeint, die sich gleichzeitig überall vollzog und von Anfang an den »gesamten Raum« ausfüllte. Dabei flog jedes Materieteilchen von allen übrigen weg. Man kann sich das vorstellen wie Punkte auf einem Luftballon, die sich voneinander entfernen, wenn er aufgeblasen wird.

DIE EINHEIT DER VIELHEIT

Niels Bohr (1885–1962), der bedeutende dänische Physiker, von dem das heute gültige Atommodell stammt, schrieb zu Anfang des 20. Jahrhunderts: »Isolierte Materie-Teilchen sind Abstraktionen, ihre Eigenschaften sind nur durch Zusammenwirken mit anderen Systemen definierbar und wahrnehmbar.« (Die nicht lokalen Zusammenhänge sind unter dem Begriff Quantentheorie bekannt.) Trotz ihrer immateriellen Art sind die abstrakten »Elementar-Teilchen« Grundlage der gegenständlichen Materie.

Welle und Korpuskel, die beiden Erscheinungsformen des Elementarteilchens, manifestieren Ausdehnung und Zusammenziehung. Wobei »Ausdehnung« und »Zusammenziehung« nicht wörtlich zu nehmen sind. Im subatomaren Bereich ergibt Zusammenziehung keine dichtere Masse, sondern ganz im Gegenteil Entmaterialisierung. Mit der Ausdehnung verhält es sich ähnlich: sie ist nicht räumlich, sondern wertmäßig zu verstehen. Das heißt, die Masse verliert ihre raum-zeitliche Begrenzung und wirkt mit ihrem Bewegungspotenzial impulsgebend nach »außen«. Spätestens jetzt müsste man eigentlich wissen, dass es den seit der Antike gesuchten absolut kleinsten unteilbaren Zustand der Materie nicht geben kann, weil sich Materie an der Grenze zum Kleinsten in Raum- und Zeitlosigkeit auflöst. Mit unserer sinnlichen Grundausstattung verstehen wir die Welt als etwas, das aus unendlich vielen Einzeldingen zusammengesetzt ist. Wir meinen, ein Stein hätte nichts mit einem Grashalm zu tun und ein Vogel am Himmel weder mit dem Stein noch mit dem Grashalm und alles zusammen nichts mit uns. Die von der Wissenschaft aufgedeckte Realität am Grund der Materie jedoch erfordert ein radikal anderes Denken. Es fordert, dass alle Dimensionen der Wirklichkeit, die submikroskopische, die makroskopische, die mechanische Kausalität, der Geist und das Leben im Denken und Fühlen berücksichtigt werden. Selbstverständlich kann man sich so eine Sichtweise nicht von heute auf morgen angewöhnen.

Darum liegt in unserem herkömmlichen Denken und Fühlen der Anfang der Schöpfung unvorstellbar weit in der Vergangenheit. Wir wissen, dass am Anfang schlagartig die Materialisierung wie aus dem Nichts kam, können es aber nicht begreifen. Begreifen hingegen können wir, dass die Ausdehnung der Materie den Raum erschuf und dass permanente Veränderung die kosmische Uhr einschaltete; wir wissen auch, verstehen aber nicht, aus welchem Grund die Schöpfung materielle Gestalt annahm und warum sie zum hochdifferenzierten Kosmos wurde.

Mit der Tatsache müssen wir uns abfinden, dass bei aller Veränderung im Raum und in der Zeit der Urakt in der Raumzeitlosigkeit seinen Platz hat, somit ist er ewig im Hier und Jetzt. Bemerkenswert ist, dass heute noch Spuren vom Urknall als Mikrowellen-Strahlenhintergrund messbar sind. Mit 2,7 Grad treten sie auf der Kelvin-Skala in Erscheinung. Wer ein Fernsehgerät mit Antennenanschluss besitzt, kann sie hören und sehen. Es ist jenes Rauschen und Flimmern, das übrig bleibt, wenn Bild und Ton ausfallen.

Man kann sagen, Energie, die Grundsubstanz der Welt, befindet sich zwischen zwei Mächten: einer tendenziell ideellen und einer tendenziell materiellen. Das Wesen der einen ist Kompression, das der anderen Expansion. Zusammen manifestieren sie das Sein. Elementarteilchen, die eigentlich keine Teilchen sind, tragen durch permanenten Austausch zwischen den zwei Urmächten unsere Welt.

MOTOR DER GESCHICHTE

Bipolarität ist auch der Motor der Kulturgeschichte. Wir, als sinnlich dominierte Betrachter, sehen die Welt in mehr oder weniger überschaubare Häppchen aufgeteilt. Landläufig gelten Menschen, die es bei den Häppchen belassen und ihr Leben danach einrichten, als Realisten. Idealisten hingegen gehen im Umgang mit Häppchen von einer wie auch immer gearteten höheren Ganzheit aus.

So wie Realisten bemüht sind, ihre Ansicht zum Maßstab für alle zu machen, bemühen sich die Idealisten um die Verbreitung ihrer Idee von der »Ganzheit«. Beide Wesensarten verändern seit je die Geschichte, im Guten wie im Schlechten. Der Vorteil der Häppchensicht ist: Man kann die Welt in übersichtliche Teile zerlegen, in Freund und Feind, mein und dein, gut und schlecht. Aus dem Blickwinkel der Idealisten hingegen werden diese

Unterscheidungen relativ. Die Qualität der Häppchen die sie sehen, messen sie an der Qualität ihrer ideellen Ganzheit, die kann gut oder schlecht sein beziehungsweise realitätsnah oder realitätsfern. Entsprechend kurz oder lang ist deren Verfallsdatum. Erinnert sei an die Ideologien des Faschismus, Nationalsozialismus und Kommunismus der jüngsten Zeit.

Man kann, ja man muss die negativen Begleiterscheinungen, das unbeschreibliche Elend, das damit über die Welt kam, beklagen. Doch es ist zu bedenken, dass die Dynamik des Seins auf Gegensätzen beruht. Da Gegensätze nicht gleichwertig sein können, muss die eine Seite auf die eine Art und Weise einen höheren Wert haben. Der Wertmaßstab der elementaren Kräfte müsste dann in einem Zweck liegen. Aber in welchem? Die Realität gibt darauf eine Antwort. Wir sehen, dass die Entwicklungen in der Welt hin zu komplexeren Formen erfolgen, indem sich langfristig Höherwertiges durchsetzt und Mangelhaftes aussortiert wird. Folglich müsste dann das Ziel der Schöpfung mehr sein als die Produktion eines physikalischen Supersystems. Vielleicht strebt die Schöpfungsevolution über das Physikalische hinaus? Etwa mit dem Ziel, die universale Realität qualitativ zu duplizieren? Das wäre dann Leben auf höchstem Niveau – eine Persönlichkeit mit göttlichem Status?

Joseph Campell (1904–1987), der große Kenner der Kultur- und Mythologiegeschichte, schrieb über Realisten und Idealisten in »Mythologie der Urvölker. Die Masken Gottes« (dtv, 1996): »In der menschlichen Geschichte haben sich die zwei (Anm. d. Autors: er nennt sie zupackenden und einfühlenden Typ) von Urbeginn an im Gespräch gegenübergestanden, und die Folge war ein reales Voranschreiten von engeren zu weiteren Horizonten, von einfachen zu komplexen Ordnungen, von dürftigen zu prächtigen Kunstwerken, eine Entfaltung im zeitlichen Ablauf, die wir Kultur nennen.«

WELTERKLÄRUNG IN DER KRISE

Seit die Einheit der Welt nach Abschaffung der einfühlenden Metaphysik zerbrochen ist, orientiert sich die westliche Kultur an der nüchternen Wissenschaft. Die theoretische Physik versucht nun eine Formel für das Weltsystem zu finden. Bislang ohne Erfolg. Vielleicht weil in der Formel Leben und Geist fehlen? Das mag sein. Mit Sicherheit aber steht dem Verstehen der Welt das Fehlen eines Zentrums im Weg. Ohne Zentrum sind Massen mehr oder weniger beziehungslose Teile. Die praktische Physik geht erfolgreich mit Teilen um. Im Grenzbereich der Materie allerdings zeigen sich Probleme, denn dort gibt es keine Teile. Das öffnet intellektuellen Spekulationen sowie religiösem und esoterischem Glauben Tür und Tor.

Die Physik steht vor einem Rätsel. Definitiv weiß sie, dass alles, was die Natur braucht, um ein Universum zusammenzustellen, von unterschiedlichen Facetten einer einzigen Quelle stammt. Ein großes Hindernis bei der Suche nach dieser Quelle sind vor allem das unerklärbare Verhalten der Galaxien und die Expansion des Raumes. Beides lässt vermuten, dass es weit mehr Energie und Materie gibt als ursprünglich angenommen. Die Antriebskraft, die für die kosmische Beschleunigung beziehungsweise die Expansion des Raumes notwendig wäre, müsste mehr als dreimal so viel wie die jetzt bekannte kosmische Energie sein. Man nennt die unbekannte Energiemenge »dunkle Energie«. Mit der Materie verhält es sich ähnlich, auch da vermutet man, dass es weit mehr als die bekannte Masse geben müsse, man nennt sie »dunkle Materie«; damit bezeichnet man eine Masse unbestimmten Ursprungs, die keine elektromagnetischen Erkennungszeichen hat und folglich hauptsächlich über gravitationsbedingte Effekte nachzuweisen ist. Man schätzt, dass die »dunkle Materie« 95 Prozent der gesamten kosmischen Masse ausmacht. Es könnte aber auch sein, dass es überhaupt keine »dunkle Materie« gibt. Vielleicht beruht das anormale Verhalten der Galaxien nicht auf irgendeiner exotischen neuen Form von Materie, sondern auf einem exotischen neuen Bewegungsgesetz. Sollte das zutreffen, dann werden neue Gleichungen gebraucht und nicht etwa neue Teilchen. – Wie dem auch sei, es muss eine Theorie gefunden werden, in der das Standardmodell der Physik seinen Platz als Teil eines vielseitigen und umfassenden Bildes findet, das auch mit Phänomenen in anderen Sphären kompatibel ist. Das heißt, alles müsste miteinander zu einer universalen Einheit verbunden werden.

GOTT VERSCHWINDET IM VAKUUM

Demokrit (455–370 v. Chr.) spaltete hypothetisch die Materie bis zum Unspaltbaren und nannte das unspaltbare Masseteilchen Atom. Seither war es keine Frage, dass das Kleinste in der Materie selbst liegt und das Größte außerhalb der materiellen Welt sein muss. Darum verlegte man das Größte über alle irdischen Sphären hinweg in die Götterwelt.

Bei den Israeliten verschwanden die Götter, übrig blieb ein Obergott, der vom Himmel aus über die Erde herrscht. Weil aber, gemäß der Logik, das Größte zugleich auch das Kleinste verkörpert, müsste Gottes Domizil zugleich in und über der Welt sein.

Die Neuzeit glaubte, den Widerspruch lösen zu können, indem sie Gott ganz verbannte. Seither ist die Stelle des entschwundenen Gottes in der aufgeklärten Welt ein namenloses Vakuum, mit dem niemand etwas anzufangen weiß.

ERBLAST

Das größte Problem beim heutigen Weltbild ist sein Erbe aus der antiken Philosophie. Seit der Antike gelten Kreis und Kugel als Idealformen. So sah man auch die Welt. Als System wird die Welt heute noch kreisförmig gesehen. Das ist naheliegend, weil die Werteskala von null bis unendlich reicht. Beide Extreme verbinden die Linie der Substanzen und Werte zum Kreis. An der raumzeitlosen Verbindungsstelle endet die physikalische Beweiskraft. Diese Tatsache ist unser Problem. Das kreisförmige Modell, das heute noch unserer Weltsicht zugrunde liegt, hat keine Erklärung für die Dynamik der Welt zu bieten, es gibt auch keinen Hinweis für die Existenz eines wie auch immer gearteten Zentrums.

Die Kreisförmigkeit als Modell für die Welt hatte Sinn, solange man einen zentralen Bezugspunkt hatte. In der Regel war der metaphysischer Art. In der heutigen Welt gibt es so einen Bezugspunkt nicht. Aber ein plausibles Modell für eine dezentralisierte Welt gibt es auch nicht.

Nikolaus von Kues (1401–1464) hat sich im Rahmen eines Gottesbeweises mit der Kreis- und Kugelform befasst. Seine Argumentation ist auch für unsere Weltsicht interessant.

»Die unendlich gerade Linie ist in letzter Konsequenz ein Kreis, weil Anfang und Ende zusammentreffen (…).« Im Größten ist die Linie zugleich Oberfläche, Kreis und Kugel. In der unendlichen Kugel laufen die drei größten Linien, die Länge, Breite und Tiefe im Zentrum zusammen. Das Zentrum der Kugel ist aber gleich dem Durchmesser und der Peripherie; folglich ist das Zentrum jenen drei Linien gleich. Im Größten sind daher Länge, Breite und Tiefe das einfachste und unteilbare Größte selbst. Und weil das Zentrum aller Breite, Länge und Tiefe vorhergeht, ist es das Ende und die Mitte von ihnen (denn in der unendlichen Kugel sind Zentrum, Dichtigkeit und Peripherie ein und dasselbe). Wie die unendliche Kugel ganz in actu und auf die einfachste Weise ist, so ist auch das Größte auf die einfachste Weise ganz die Wirklichkeit. Wie die Kugel die volle Wirksamkeit der Linien und des Kreises ist, so ist das Größte die Wirksamkeit von allem. Jedes wirksame Sein hat also vom Größten alle seine Wirksamkeit. Daher ist das Größte das bildende Prinzip von allem Sein.«

In Gott sieht Nikolaus von Kues das Zentrum des Seins. Diese Beweisführung kann aber trotz ihrer Logik weder Gott beweisen, noch die Dynamik der Welt erklären. Wenn also die Logik des Nikolaus von Kues weder Gott erklärt noch unser Bild von der Welt bestätigt, aber dennoch richtig ist, dann muss das Versagen des Gottesbeweises und der Welterklärung woanders liegen.

SUCHE NACH FESTEM BODEN

Mathematik ist das Werkzeug der Physik. Mit Zahlen will sie die Welt erklären. Hier kann wieder Nikolaus von Kues zitiert werden. Er hat eine einfache Erklärung, warum das nicht geht. Er sagt, man kommt bei der Zahl in aufsteigender Richtung auf kein absolut Größtes. Wäre bei der absteigenden Richtung dasselbe der Fall, so wären alle Ordnung, Progression etc. unmöglich.

»Man muss daher in der Zahl auf ein Kleines kommen, das nicht kleiner sein kann, und dies ist die Einheit. Sie ist als das schlechthin Kleinste mit dem schlechthin Größten identisch. Diese Einheit kann nicht selbst Zahl sein, wohl aber ist sie das Prinzip aller Zahl, weil sie das Größte ist. Diese Einheit, die keinen Gegensatz hat, ist das absolut Größte. Sie ist nicht der Vervielfältigung fähig, weil sie alles ist, was sein kann. Sie kann daher nie selbst Zahl werden.«

Die Physik hat auf ihrem Weg durch die Materie einen immateriellen Punkt am Urgrund der Welt, quasi als Anfang aller Zahlen, gefunden: das ominöse »Nichts«. Nun sucht sie immer noch das absolut Größte. Die Frage lautet: ist die Gesamtmasse unseres Universums alles? Oder gibt es noch mehr? Vielleicht gibt es außer diesem Universum noch andere »Universen«? Die Meinung, dass es noch mehr geben müsse, hat sich in Expertenkreisen verbreitet.

Wie dem auch sei, das Größte entzieht sich dem rationalen Erkennen, somit fehlt im physikalischen Weltbild dem Kleinsten der begreifbare Gegensatz. Die Folge ist, dass wir ein unvollständiges Weltbild haben, das sich um sich selbst dreht. Die Physik hofft, dass die symmetrische Singularität (der Vorschöpfungszustand) trotzdem irgendwann einmal zu verstehen sein wird. Mit großem Aufwand forscht sie weiter, hoffend, dass eine Erklärung für die unverstandenen Phänomene zu finden sein wird.

Teil 2: Umbruch

Spurensuche

Die Welt ist voller Analogien.

Wieso gibt es die Welt?

Wenn man ein Gleichnis zum besseren Verstehen des Schöpfungsanfangs sucht, findet man nicht viel. Fortpflanzung fällt ins Auge: Aus einem Anfang nahe dem Nichts entsteht ein komplexes Gebilde, fast wie bei der Schöpfung. Wenn man das als Beispiel nehmen möchte, kann angenommen werden, dass vor der Schöpfung andere Schöpfungen waren … Das kann ja sein, befriedigend ist es aber trotzdem nicht.

Gibt es kein besseres Beispiel? Vielleicht ist unsere Denkfähigkeit eines? Damit können ganze Welten erschaffen werden, sozusagen aus dem Nichts. Das kommt der Sache schon etwas näher. Aber, auf die Schöpfung bezogen drängt sich gleich die Frage auf: Wer ist es, der da denkt? In diesem Fall kann vielleicht unser Wesen als Modell dienen. Mit seiner Denkfähigkeit ist der Mensch zweifellos eng mit der Schöpfung verbunden, so eng, dass sich sein Ich als Mittelpunkt der Welt fühlt. Sein Ich, das immaterielle Ding, steht zwischen dem materiellen Außen und dem eigenen immateriellen Wesenskern, dem Selbst. Dem Mittelpunktgefühl des Ichmenschen steht die Realität gegenüber, die besagt, dass er von der Natur getragen wird und dass unendlich viele Menschen seine physische und kulturelle Existenz ermöglichen. Er steht also zwischen zwei Welten. Die eine verliert sich in der unüberschaubaren Vielfalt und Weite des Äußeren, die andere in der unergründlichen Tiefe des Inneren. Beide Extreme treffen sich in der gestaltlosen Ewigkeit. Weil der Mensch dies denken kann, ist dieses Unerfassbare in ihm konkret. C. G. Jung (1875–1961) nennt diesen Treffpunkt elementarer Extreme das »Selbst« – man könnte es auch »Schnittpunkt interner und externer Fließbahnen« nennen.

Man kann also davon ausgehen, dass der raum- und zeitlose Verknüpfungspunkt der Extreme im Innersten des Menschen mit dem totalen Sein identisch ist und somit auch mit dem raumzeitlosen Schöpfungsanfang und der raumzeitlosen materiellen Unendlichkeit. Auch wenn es unglaublich klingt, so kann aus diesen Gründen geschlossen werden, dass der Anfang der Schöpfung, wie das Innerste ihrer Materie und deren Unendlichkeit, so etwas wie ein »Selbst« ist. Folglich müsste es dann jedem Menschen möglich sein, die Antwort auf die Frage nach dem Geheimnis der Welt und des Lebens in sich selbst zu finden.

SCHÖPFUNGSANALOGIE

Im gängigen Weltbild ist der Schöpfungsanfang eine rätselhafte Komprimierung gewaltiger Energiepotenziale. Was sich daraus entwickelt hat, ist bekannt. Überhaupt nicht bekannt ist, was davor gewesen ist. Vielleicht kann da eine Analogie weiterhelfen.

Jeder Gegenstand, der im Licht steht, reflektiert in

alle Richtungen Lichtfrequenzen. Da das auch andere Gegenstände tun, ergibt es einen chaotischen Strahlensalat. Wir könnten in diesem Chaos keinen Gegenstand erkennen, wenn nicht das Auge mit seiner optischen Linse in der Lage wäre, Strahlen aufzunehmen, zu bündeln und dann in sortierter und geordneter Form gespiegelt und gekontert auf die Netzhaut zu bringen. Zum Erkennen kommt es, wenn es im Gehirn auf Umwegen richtig herum vom Bewusstsein wahrgenommen wird.

So ein komplexer Vorgang ist nur auf schleifenförmigen Wegen möglich. Ein kreisförmiges System wäre dazu nicht in der Lage. Würde man von der Annahme ausgehen, dass das Weltsystem kein Kreis, sondern eine Schleifenform im unendlichen Sein ist, dann wäre der Schöpfungsanfang kein Nullpunkt, sondern als Schnittpunkt das universale Energiepotenzial im Meer des Seins. Das setzt allerdings voraus, dass es außer unserem Universum noch viele andere gibt.

LICHTBLICK

Die »Superstring-Theorie« gilt als aussichtsreichste Theorie für die Weltformel. Murray Gell-Mann (geb. 1929), einer der führenden Köpfe auf diesem Gebiet, schreibt in »Das Quark und der Jaguar« (Piper Verlag, 1994): »Wie das Wort string andeutet, beschreibt diese Theorie Teilchen nicht als Punkte, sondern als winzige Schleifen; die typische Größe einer Schleife entspricht dabei annähernd der fundamentalen Längeneinheit, also einem Milliardstel eines Billionstel eines Billionstel Zentimeters. Diese Schleifen sind so klein, dass sie sich für viele Zwecke, physikalisch äquivalent, als punktförmige Teilchen, genaugenommen als unendlich viel

Arten punktförmiger Teilchen beschreiben lassen (…). Zum ersten Mal in der Geschichte verfügen wir mit der Superstring-Theorie über einen ernst zu nehmenden Vorschlag für eine einheitliche Theorie sämtlicher Elementarteilchen und ihrer Wechselwirkungen und damit letztlich aller Naturkräfte.«

Zur »Superstring-Theorie« gehört auch die These, dass ein schattenhaftes Paralleluniversum um Haaresbreite von unserem getrennt ist, aber in der fünften Dimension. Vermutet wird, dass es in dem Paralleluniversum ebenfalls Sterne gibt, deren Einfluss sich in unserem All als »dunkle Materie« bemerkbar macht.

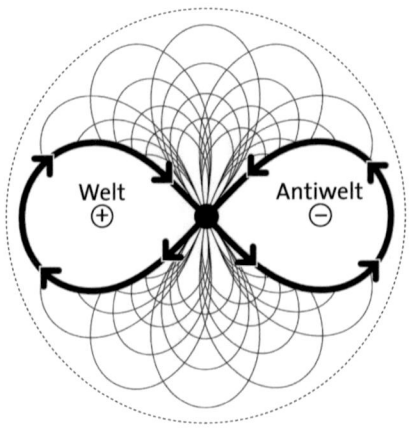

Abb. 1
Energieströme unendlich vieler Welten kreuzen sich am universalen Zentrum des Seins, sodass jeder Welt eine Antiwelt gegenübersteht.

Aus dem Blickwinkel der Schleife können auch alle anderen Themen, die in diesem Buch noch folgen werden, gesehen werden.

INNENSCHAU

Jeder trägt in sich Spuren aus allen Dimensionen des Seins

KERN DER PSYCHE

Leben – was ist das? Wäre diese Frage beantwortet, wüssten wir alles über die Welt und uns selbst. Die Wissenschaft kann vieles, doch bei der Frage nach dem Leben lässt sie uns total im Stich. Sie kann sich nur in ihrem Terrain bewegen, im Reich der Ursache und Wirkung. Da sind Fragen relevant: Wie kam Leben auf die Erde? Wie funktioniert Lebendiges? Wir aber möchten wissen, was Leben ist. Ein junger Zweig der Wissenschaft kommt uns da ein bisschen entgegen. Die Bioenergetik. Sie ist bestrebt, das Bewusstsein nach unten zu erweitern. Ihr Ziel besteht aber nicht darin, das Unbewusste bewusst zu machen, vielmehr vertrauter, weniger furchterregend.

Die Bioenergetik sieht das Unbewusste gleichsam wie einen Ackerboden, aus dem heraus das Bewusstsein wächst. Es enthält vererbte Strukturen, ebenso Konzentrate aus verarbeiteten Eindrücken wie auch unverarbeitete Eindrücke und auch jene Bereiche unserer Körpertätigkeit, die wir nicht wahrnehmen oder nicht wahrnehmen können. Wir nehmen zum Beispiel nicht die Tätigkeit unserer Nieren und die subtilen Vorgänge, die sich in unseren Geweben abspielen, wahr. Auch die lebenswichtigen Stoffwechselprozesse entziehen sich unserem Wahrnehmungsvermögen. Ein großer Bereich unseres Lebens spielt sich in einem dunklen Reich ab, das nicht vom bewussten Geist erhellt wird. Und da der bewusste Geist reines Licht ist, fürchtet er sich vor der Dunkelheit.

Alexander Lowen (1910–2008), einer der Mitbegründer der Bioenergetik, schreibt in seinem Buch »Bioenergetik. Therapie der Seele durch Arbeit mit dem Körper« (Scherz Verlag, 1987):

»Kultur und Zivilisation ist nichts anderes als unablässiges Bemühen um Bewusstseinserweiterung. Jeder kulturelle Fortschritt – ob auf dem Gebiet der Religion, der Kunst, der Wissenschaft oder der Politik – stellte eine Erweiterung des Bewusstseins dar. Neu ist jedoch, dass heute viele Menschen die gegenwärtige Kultur als einengend und hemmend empfinden, und es zum Bedürfnis geworden ist, sein Bewusstsein zu erweitern. Da man aber auch heute noch sehr wenig über das Bewusstsein weiß, besteht die Gefahr, falsche Schritte zu machen. Unsere gegenwärtige Kultur und das Bewusstsein, das sie verkörpert, ist ausgesprochen mechanistisch. Die Reaktion darauf könnte in ihr Gegenteil umschlagen und zum Mystizismus führen.

Das mechanistische Denken bezieht sich auf das Gesetz von Ursache und Wirkung. Der Mystizismus dagegen lehnt das Gesetz von Ursache und Wirkung ab. Er sieht alle Phänomene als Äußerungen eines kosmischen Bewusstseins und bestreitet die Wichtigkeit des individuellen Bewusstseins. Weder die eine noch die andere Denkrichtung sollte vorherrschend sein, denn an beiden ist 'was Wahres dran. Die Wissenschaft hat gezeigt, dass das Gesetz von Ursache und Wirkung, in denen alle Variablen, also veränderliche Größen, kontrolliert oder bestimmt werden können – tatsächlich gültig ist. Das Leben ist jedoch kein geschlossenes, sondern ein offenes System; man kann niemals alle Variablen, die das menschliche Verhalten beeinflussen, kennen oder kontrollieren, so dass das Kausalitätsprinzip hier eine beschränkte Gültigkeit besitzt. Andererseits ist das Leben nicht nur dynamisch, sondern auch mechanisch. In der Welt der Gegenstände ist der mechanistische Standpunkt eindeutig richtig. Im spirituellen Bereich, wo Gegenstände nicht existieren, kann der mystische Standpunkt für sich bestimmte subjektive Wahrheiten beanspruchen. Die beiden Welten existieren nebeneinander, weil keine die andere negiert. Und wir stehen in Kontakt mit beiden, denn wir erfahren uns als Subjekt und Objekt.«

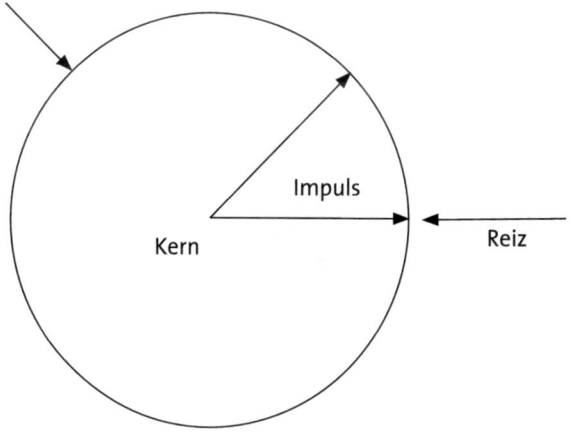

Abb. 2
Für die Erklärung dieses Phänomens benutzt Lowen ein einfaches Bild. Er stellt den Menschen als Kreis mit einem Mittelpunkt als Kern dar. Impulse, die im Mittelpunkt oder Kern als Energieströme entstehen, streben, wenn der Mensch mit seiner Umwelt in Beziehung tritt, als Wille zur Peripherie des Kreises. Dadurch entstehen Reize, die Reaktionen auslösen.

Das Schema, so kommentiert Lowen das Bild, erinnert an ein einzelliges Lebewesen, das von einer halbdurchlässigen Membran umgeben wird, die hier als Kreis dargestellt ist. Der menschliche Organismus besteht aus einer einzigen Zelle wenn er ins Leben tritt. »Obgleich diese Zelle sich astronomisch vervielfältigt, um den Menschen zu schaffen, bewahrt sich der Mensch in seiner energetischen Einheit eine funktionelle Identität mit der einen Zelle, die seinen Ursprung bildete.« Jeder Organismus ist von einer lebenden Membran umgeben, die ihn von der Welt abgrenzt und damit seine Individualität schafft. Aber die Membran ist keine Mauer; sie ist vielmehr selektiv durchlässig und erlaubt Wechselbeziehungen zwischen dem Individuum und der Welt.

Im gesunden Zustand nimmt der Mensch den Kontakt zwischen seinem Kern und der äußeren Welt wahr. Impulse seines pulsierenden Kerns (Lowen nennt den Kern auch Herz) fließen zur Welt und Ereignisse aus der Außenwelt gelangen zu seinem Kern (zum Herzen). Als selbstständige Einheit fühlt es sich eins mit der Welt und dem Kosmos. Es schließt nicht allein auf mechanische Weise Kontakt mit der Welt, sondern reagiert aus dem Kern heraus (mit dem Herzen), aus der Einzigartigkeit des individuellen Seins. Da der Mensch sich seiner Individualität jedoch bewusst ist, ist er sich auch darüber klar, dass seine auf Reaktionen und Spontaneität beruhenden Handlungen die Welt und die darin lebenden anderen Menschen kausal beeinflussen kann und dass er für diese Handlungen verantwortlich ist. Wenn ich also einem anderen mit Sprechen oder Handeln weh tue, muss ich die Verantwortung für den Schmerz übernehmen, den ich ihm zufüge. Dieser normale Zustand wird gestört, wenn sich ein Mensch »panzert«. Zur Verdeutlichung verwendet Lowen folgendes Bild:

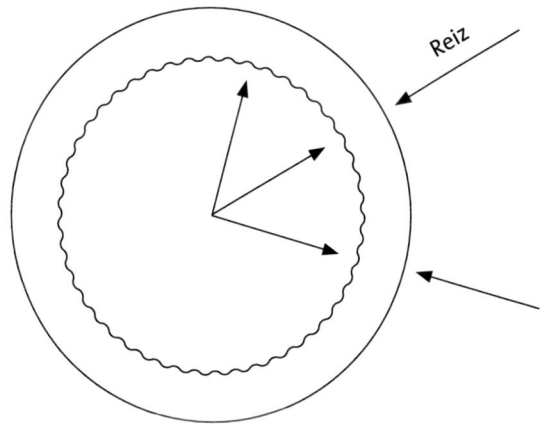

Abb. 3

Der Panzer wird durch eine Wellenlinie dargestellt. Die Pan-
zerung trennt die Gefühle des Kerns von den Empfindungen
an der Peripherie. Dadurch spaltet sie aber auch die Einheit
des Menschen und die Einheit seiner Beziehung zur Welt. Auf
der einen Seite sind innere Gefühle, auf der anderen äußere
Reaktionen – innere Welt auf der einen Seite, äußere auf der
anderen. Er kann sich mit beiden Welten identifizieren, doch
aufgrund der Trennung kommen sie nie zusammen. Die Pan-
zerung wirkt wie eine Mauer. Dieses Bewusstsein kann auf der
einen oder auf der anderen Seite sein – nie auf beiden zugleich.
(Abbildungen aus »Bioenergetik« von Alexander Lowen,
Scherz Verlag, 1976)

ZWEI SEITEN DER MAUER

Der Mystiker lebt in der inneren Welt und hat sich von
den Ereignissen der äußeren Welt gelöst. Für ihn zählt
allein das Bemühen, mit seinem pulsierenden Kern in
Kontakt zu bleiben. Wenn er versuchen würde, sich für
die Welt der Gegenstände zu engagieren, müsste er die

Mauer überwinden. Dann würde er aber den Kontakt zum Zentrum verlieren.

Der Mechanist befindet sich auf der anderen Seite der Mauer und hat den Kontakt zu seinem Zentrum verloren. Er spürt oder sieht nur, dass er kausal auf die Ereignisse der Außenwelt reagiert, und glaubt deshalb, das Leben sei lediglich eine Sache der bedingten Reflexe. Da seine Reaktionen allein von Gegenständen und Ereignissen bestimmt werden, benutzt er seine Energie, um eine Umwelt zu manipulieren, die er als existenzbedrohend und feindlich empfindet.

Das mechanistische Bewusstsein richtet sich ständig auf ein isoliertes Ziel, da es jeden Gegenstand fixieren muss, um ihn kontrollieren zu können. Die Ereignisse muss es ebenfalls aus dem Zusammenhang reißen und als isolierte Phänomene untersuchen, um ihre Kausalverbindung zu erkennen. Aus diesem Grund sieht es die Geschichte als Kette von Ereignissen und nicht als das fortlaufende Streben und Bemühen der Menschen, ihr Lebenspotential auszuschöpfen.

Der Mystiker hat nur Augen für die Wunder des Kosmos, sodass er die Steine auf seinem Weg nicht sieht und darüber stolpert. Der Mechanist achtet dagegen nur auf die Steine und hat kein Auge für die Schönheit des Himmels. Man kann diesen Konflikt nicht lösen, indem man fortwährend im Wechsel nach unten und oben schaut; also die Mauer oft und schnell überspringt. Der einzige Weg besteht darin, die Mauer niederzureißen, den Panzer zu durchbrechen. Solange die Mauer steht, ist man entweder als Mystiker fast ausschließlich auf sein Inneres fixiert oder als Mechanist auf die Oberfläche. Mystiker und Mechanisten unterscheiden sich letztlich darin, welche Seite des Wendemantels sie nach außen tragen.

Wenn wir, so argumentiert Lowen, unsere Aufmerksamkeit von einer Seite der Mauer auf die andere verlagern, erweitern wir dadurch keineswegs unser Bewusstsein, denn im Moment, in dem wir das Neue sehen, haben wir das Alte schon aus den Augen verloren. Das Bewusstsein gleicht in diesem Fall einem Scheinwerfer, der ein Gebiet teilweise beleuchtet; wir können den beleuchteten Teil zwar besser sehen, haben aber unwillkürlich den Eindruck, dass das restliche Gebiet dunkler geworden ist. Nichtsdestoweniger trägt die Mobilität des »Scheinwerfers« zur Bewusstseinsbereicherung bei. Also, es ist besser, die Mauer hin und wieder zu überspringen, als stets auf einer Seite zu verharren. Denn ein Mensch, dessen Blick auf einen einzigen Aspekt des Lebens fixiert ist, hat ein begrenzteres Bewusstsein als einer, der den Blick auf viele verschiedene Dinge richtet.

Es liegt auf der Hand, dass bei klarem Licht mehr zu sehen ist als bei trübem. Entsprechend verhält es sich mit dem Bewusstsein. Deshalb ist es für uns wichtig, unser Bewusstsein zu schärfen und die Fähigkeit zu trainieren, das Gesichtsfeld je nach Bedarf zu vergrößern oder zu verkleinern, damit man zwischen der mechanistischen und mystischen Betrachtungsweise bei klarem Licht wählen kann. Das ist nur möglich, wenn man nicht durch die Mauer beziehungsweise den Panzer behindert wird ... Soweit die Ausführungen nach Alexander Lowen. Das Denken, das weder mechanistisch noch mystisch ist, heißt in der Sprache der Bioenergetik »funktionelles Denken«.

Universales Kräftereservoir

In dem Bereich, den Lowen Kern nennt, schlummern ungeahnte Kräfte, die nur darauf warten, geweckt zu werden. Dieser Kern ist nicht nur die komprimierte Persönlichkeit, er enthält auch den Reichtum des allgemeinen Seins. Gefühle, die aus diesem Kern aufsteigen, können in ihrer Tiefe von keinem noch so scharfen Verstand ergründet werden.

Jeder Mensch kennt Gefühle, die im Voraus ermutigen oder warnen, die sich im Nachhinein als wahr erweisen. So manchem Erfinder, Künstler und Wissenschaftler fiel die entscheidende Idee unerwartet zu, oder was Tagesarbeit nicht erbrachte, fand sich im Schlaf. Wie bei Kekulé von Stradonitz (1829–1896), der im Halbschlaf den Benzolring entdeckte, auf dessen Grundlage viele anorganische Verbindungen möglich wurden, die heute aus unserem Alltagsleben nicht mehr wegzudenken sind, man denke nur an Kunststoffe, Lacke und Arzneien. Viele bedeutende Künstler erhielten Einfälle im Zustand der Entspannung. Mozart beispielsweise trug stets Bleistift und Papier mit sich, um dann, wenn er kegelte oder Billard spielte, seine Einfälle zu notieren. Manche Laien gewinnen ohne Ausbildung Einblicke in hochkomplexe Fachgebiete. Wie der Schuster Jakob Böhme (1575–1624), dem sich von selbst eine mystisch-philosophische Welt erschloss, deren Wirkungen nachhaltig die Kulturgeschichte beeinflusste.

Dies alles stärkt die Annahme, dass es ein universales Kräftereservoir gibt, das jedem Menschen zur Verfügung steht. Ralph Waldo Emerson (1803–1882), der die Verfassung der USA mitgeschrieben hat, wurde von seinen Zeitgenossen als Vater der geistigen Erneuerung Amerikas gefeiert. Er verfasste eine idealistische Weltauffassung, die bis in unsere Zeit hineinwirkt. Emerson war fest davon überzeugt, dass einige seiner Ideen aus einer gemeinsamen Quelle kamen. Er sagte: »Es gibt einen allgemeinen Menschengeist, der jedem Einzelmenschen gehört und allen Menschen zusammen.« Dieser allgemeine Menschengeist war auch Johann Wolfgang Goethe (1749–1832) bekannt. Eckermann gegenüber äußerte er, seine Werke seien das Produkt eines Kollektivs, einer Produktionsgemeinschaft, die den Namen Goethe trüge. »Um einen Faust zu schaffen, brauchte es Fleiß und Schweiß, vor allem jedoch Inspiration, Schöpfungskraft und einen Wasserfall von Eingebungen.«

Die Wissenschaft ist inzwischen zum tiefsten Grund der materiellen Welt vorgedrungen. Tiefer geht es nicht. Nun ist es an der Zeit, den Fuß ins Reich des Lebens zu setzen. Unsere Vorfahren haben dazu bereits gute Arbeit geleistet.

Ratlos am Scheideweg

Kinder, wenn es richtige sind, wissen mehr als Erwachsene.

Karge Erde – üppige Mutter

Die Frage, wie Leben auf die leblose Erde kam, ist wissenschaftlich nicht geklärt. Manche Wissenschaftler vertreten eine Meinung wie der französische Biochemiker Jacques Monod (1919–1976. Er schrieb in seinem Buch »Zufall und Notwendigkeit« (Piper Verlag, 1970): »Die a priori-Wahrschenlichkeit, dass unter allen im Universum möglichen Ereignissen dieses besondere Ereignis (Anm. d. Autors: Entstehung des Lebens) sich vollzieht, liegt nahe bei null. Das Universum trug weder das Leben, noch trug die Biosphäre den Menschen in sich. Unsere ›Losnummer‹ kam beim Glücksspiel heraus.«

Eine beliebte These unter Wissenschaftlern ist auch die, dass Lebenskeime in Form von Aminosäuren und als Vorläufer der Nukleotiden (stickstoffhaltige Basen, Zucker) aus dem Weltall zur Erde gelangt seien. Die Mehrheit der Wissenschaftler vertritt die Meinung, dass die Erde in einer Phase ihres Urzustandes durchaus so beschaffen war, dass Leben auf ihr entstehen konnte. Einiges spricht dafür. Denn als gesichert gilt: Vor circa vier Milliarden Jahren begünstigten Bedingungen in der Atmosphäre und der Erdkruste die Anhäufung von bestimmten einfachen Kohlenstoffverbindungen, wie etwa Methan. Es gab Wasser und Ammoniak. Aus diesen einfachen Verbindungen konnten in Gegenwart nicht biologischer Katalysatoren ziemlich leicht zahlreiche komplexe Substanzen entstehen, unter denen Aminosäuren und Vorläufer der Nukleotide auftreten. Unter bestimmten Bedingungen, deren Zusammentreffen nicht selten ist, ergeben sich in großem Umfang Substanzen, die mit Bestandteilen der Zellen identisch sind. Der berühmte »Miller-Versuch« beweist eindrucksvoll diese These.

Der junge amerikanische Chemiker Stanley Miller (1930–2007) schloss 1953 einige organische Moleküle in eine Glasapparatur ein. Es waren jene Moleküle, die vermutlich in der Atmosphäre der Urerde besonders reichhaltig vorhanden waren: Kohlendioxid, Methan, Ammoniak und molekularer Wasserstoff. Er ließ die Lösung einige Tage in der Apparatur kreisen, dabei in stetem Wechsel verdampfen und sich wieder niederschlagen. Mit elektrischen Entladungen simulierte er heftige Gewitter, wie sie vermutlich in der Atmosphäre der Ur-Erde stattfanden. Dabei entstanden einige der wichtigsten biologischen Lebensbausteine. Doch warum aus anorganischen Substanzen organische wurden, darauf gibt das Miller-Experiment keine Antwort. Es beweist aber, dass die Erde keineswegs ein lebloser Materieklumpen ist. – Der alte Ausdruck »Mutter Erde« hat durchaus seine Berechtigung.

FALSCHE HOFFNUNG

Seit erkannt wurde, dass die Schöpfung keine Maschine ist, weiß man auch, dass Lebewesen nicht nur nach mechanischen Gesetzen funktionieren. Dennoch hält sich vereinzelt die Meinung, Lebewesen seien so etwas wie Maschinen, nur eben viel differenzierter. Mit dieser

Meinung verbindet sich die utopische Hoffnung, den »Mechanismus« eines Tages ganz verstehen und beherrschen zu können.

Mechanistische Funktionen sind erklärbar, weil sie nach einer linearen Kette von Ursache und Wirkung geschehen. Die Funktionsweise eines Lebewesens hingegen ist unendlich komplexer. Die Prozesse werden durch ein zyklisches Muster von Informationen gelenkt, die als Rückkopplungsschleife verlaufen. Hier ist die Funktionsweise auf vielfältige Weise mit der Umwelt, ja sogar mit der ganzen Schöpfung vernetzt.

Lebewesen, daran zweifelt kein ernst zu nehmender Biologe, sind selbstorganisierende Systeme mit einem gewissen Grad an Autonomie. Sie gestalten beispielsweise weitgehend unabhängig von Umwelteinflüssen ihre Größe selbst; ihre Systemkomponenten erneuern sie ständig, ohne dabei die Integrität ihrer Gesamtstruktur zu verlieren; und schließlich, durch die Fähigkeit des Lernens, sind sie in der Lage, kreativ über die eigenen physischen und mentalen Grenzen hinauszugreifen. Dies alles macht es unendlich schwer, das Phänomen Leben zu verstehen.

Erschwerend beim naturwissenschaftlichen Erkenntnisweg ist: exakte Wissenschaft erlaubt nur die Frage nach dem Wie, nicht aber nach dem Warum. »Warum?«, das ist eine finale Frage – eines ernst zu nehmenden Wissenschaftlers nicht würdig, so fragen allenfalls Kinder.

NAIVE SICHT?

Die nervenden Kleinen rühren bisweilen an heikle Punkte. Hätten wir auf ihre seltsamen Fragen die richtigen Antworten, dann hätten wir weniger Probleme mit unseren Kindern, mit der Welt und schließlich mit uns selbst. Kinder – wenn es echte sind – sind noch nicht mit so viel Unnützem zugeschüttet wie Erwachsene. Sie sehen in der Tiefe ihrer Seele Dinge, die Erwachse längst nicht mehr wahrnehmen.

Mit solchen Einblicken überraschte an einem Sommermorgen ein Kindergartenjunge seine Eltern am Frühstückstisch. Er sagte mit einem Blick über den Tisch: »Das Essen auf dem Tisch reicht nicht. Das im Kopf muss dazu.« Die Eltern schauten sich verwundert an. Wo hat er das bloß her? Vom Kindergarten der Arbeiterwohlfahrt bestimmt nicht und aus dem Bekannten- und Verwandtenkreis auch nicht. Aber das war erst der Anfang. Er plapperte weiter: »Die Bösen müssen hungern, aber die Guten haben ausreichend zu essen. / Böse macht klein. / Was man von der Welt sieht, ist nicht richtig, es ist wie Nichts. Aber Gott ist richtig. / Wenn Menschen reden, redet Gott. Er redet dann mit seiner kleinen Stimme. / In der Hölle vergisst man Gott. / Der Teufel ist tot … er ist lebendig, aber anders lebendig. / Menschen haben Flügel, damit sie zum Himmel können und wieder runter. Böse Menschen haben keine Flügel.« Zum Schluss, nach gut einer Stunde, sagte er: »Das alles vergesse ich wieder. Irgendwann, wenn ich erwachsen und alt bin, fällt es mir wieder ein.« Die staunenden Eltern vergaßen ganz, dass sie bei dem schönen Sommerwetter möglichst früh ins Freibad wollten.

Diese Einlage am Frühstückstisch blieb einmalig. Nie mehr hörten ihn seine Eltern so reden. Später wurde er ein tüchtiger Ingenieur, dann erfolgreicher Manager und schließlich Vater von zwei Kindern – die ihn nun mit Fragen nerven, die er nicht beantworten kann.

Richtungsänderung

Die Wissenschaft fand beim Zerpflücken der Welt und Zusammensetzen der Teile keine Antwort auf die Frage nach dem Wesen ihres Seins.

Die Leiter

Dass Lebewesen Systeme sind, die im ständigen Austausch mit der belebten und unbelebten Welt stehen, ist gar keine Frage. Laien wollen darüber keine Einzelheiten wissen. »Unnötig für das Alltagsgeschäft und außerdem zu kompliziert«, sagen sie. Zu kompliziert – ja, das stimmt. Aber es genügte, wenn die belegten Forschungsergebnisse wahrgenommen würden. Sie können immerhin den Horizont erweitern. Lässt man dann noch »naive«, das heißt einfache Gefühle sprechen, kommt mitunter Erstaunliches zutage.

Ein naives Beispiel für Leben und Welt ist die Leiter. Jeder weiß: Eine Leiter ermöglicht mittels Stufen eine Verbindung zwischen oben und unten. Fehlen Sprossen, ist die Verbindung gestört. Wenn man bedenkt, wie differenziert ein Lebewesen ist und dass zwischen ihm und seiner Umwelt ständig Austausch stattfindet – Ernährung, Stoffwechsel, Atmung und so weiter, – dann wird die Bedeutung der lückenlosen »Leiter« für das Leben verständlich. Fehlte nur eine einzige Sprosse, wie etwa Wasser, Sauerstoff oder Licht, dann wäre das eine tödliche Lücke.

Auf der Erde konnte Leben entstehen, weil auf ihr sozusagen eine Leiter steht, die bis in den Kosmos reicht. Unterste Stufe ist die energetische Skala, darüber die materiellen Sprossen, also die partikulare, atomare, molekulare, biologische und schließlich ganz oben die geistige Skala. Jede Sprosse verkörpert eine eigene Skala mit Unterskalen.

Die irdische Skalenleiter – das ist das Besondere an der Erde – verbindet das Unterste der Schöpfung mit ihrem Obersten. Bei keinem anderen der uns bekannten Planeten ist so etwas nachweisbar.

DAS GROSSE KLEINE

Nicht nur die Erde, die Schöpfung selber ist eine Leiter, quasi eine Ausziehleiter, die ständig neue Stufen hervorbringt. Man kann nun fragen: Hat die Schöpfung etwa mit der Leiter, die auf der Erde steht und zu jenem Geist reicht, mit dem sie sich jetzt selber betrachten kann, ihre Vollendung erreicht? Oder hat sie ein noch höheres Ziel? Ist die Erde etwa nur eine Zwischenstation? Bei den Milliarden Galaxien, die es im Universum gibt, ist das allerdings eine gewagte These.

Der Gedanke jedoch, dass auch Kleines bedeutend sein kann, wird von Computersimulationen unterstützt. Eindrucksvoll ist das berühmte Experiment von Hubert Reeves (ehemals Forschungsdirektor am CNRS Paris).

In der Chaosforschung wird gerne mittels einer Computersimulation auf die verborgenen Zusammenhänge bei der Wettervorhersage hingewiesen. Um die Bedeutung der Anfangsbedingungen zu erforschen, wird eine Errechnung der Wettervorhersage für den gleichen Tag im nächsten Jahr durchgeführt. Zunächst speist man alles ein, was über den Zustand der Atmosphäre zum gegenwärtigen Zeitpunkt bekannt ist: die Verteilung der

Temperaturen, der Wolken, der Winde und so weiter. Dann wird das Programm gestartet und die Maschine rechnet. Angenommen, es kommt dabei als Prognose heraus: schönes Wetter, wolkenloser Himmel ... Wie es sich gerade fügt, ist aber in dem Moment, als das Rechenprogramm gestartet ist, irgendwo auf dem Planeten ein Schmetterling aufgeflattert. Der Lufthauch, den die Bewegung seiner Flügel erzeugt haben, wurde nicht berücksichtigt. Man muss daher noch einmal starten und dabei diese neue Anfangsbedingung miteinbeziehen. Große Überraschung: Die Wirkung des Schmetterlingsflugs auf die Atmosphäre lassen die Berechnungen einen völlig anderen Verlauf nehmen. Sie ist hinreichend stark, um die Vorhersage für das kommende Jahr abzuändern: Es wird regnen! (Nachzulesen in »Schmetterlinge und Galaxien. Kosmologische Streifzüge« von Hubert Reeves (Hanser Verlag, 1992). Nichts im Universum ist zu klein, um keine Wirkung auf das Ganze zu haben.

SYMMETRIE

Auch andere Phänomene verdienen Beachtung. Man kann sich darüber wundern, dass an uns so vieles doppelt ist: zwei Augen, die sich synchron bewegen, zwei Ohren, zwei Arme, zwei Beine usf. Mit nur einem Auge kann man doch auch sehen und mit einem Ohr hören. Bei Armen und Beinen ist der Vorteil doppelter Anordnung offensichtlich. Aber auch sonst haben doppelte Anordnungen praktische Gründe. Mit zwei Augen kann man räumlich sehen, mit zwei Ohren eine Geräuschquelle besser orten. Dann gibt es noch Organe, ohne die man nicht leben kann, wie Nieren und

Lungenflügel. Ihr doppeltes Vorhandensein erhöht die Sicherheit.

Symmetrie ist gewiss kein Luxus. Sie dient dem Überleben. Aber schuf uns die Natur hauptsächlich symmetrisch, weil es zum Überleben praktisch ist? Oder sind wir vielleicht symmetrisch, weil Symmetrie in der Schöpfung systemrelevant ist? Energie – die Ursubstanz – ist binär. Man weiß, Energie kann positiv oder negativ in Erscheinung treten. Man weiß inzwischen auch, dass diese zwei Erscheinungsweisen zusammen gehören wie linke und rechte Körperhälften.

Vieles in dieser Welt erscheint auf den ersten Blick symmetrisch, bei genauem Hinsehen erweist es sich aber als Irrtum. Bekannt ist das Experiment mit zwei halben Porträtfotos. Ein Gesicht wird genau von vorne fotografiert und davon ein normaler und ein spiegelverkehrter Abzug gemacht. Beide werden senkrecht in der Bildmitte durchgeschnitten. Dann wird vom gespiegelten Bild die rechte Gesichtshälfte entnommen und an die ungespiegelte linke Gesichthälfte angelegt, und an die ungespiegelte rechte Gesichtshälfte legt man die gespiegelte linke Gesichtshälfte an. Ergebnis sind dann zwei Porträtbilder, die aussehen wie zwei verschiedene Gesichter. Legt man dann die zwei Montagen mit dem Original nebeneinander, meint man die Gesichter von drei verschiedenen Personen zu sehen.

Man meint Symmetrie zu sehen und doch ist es keine. Nirgends in dieser Welt trifft man auf echte Symmetrie. Echte Symmetrie gab es nur im Vakuum des Schöpfungsanfangs. Dort, so die Meinung der Philosophie und Physik, war alles im Gleichgewicht – die Physik nennt diesen Zustand an der Grenze zum Nichts »Supersymmetrie«. Potenziell ist sie im Denkvermögen vorhanden – wir verfügen über die beiden Begriffe »Alles« und

»Nichts« und wir sind in der Lage, diese Extreme im Begriff »Sein« zu vereinen. In Anbetracht dieser Fähigkeit kann vermutet werden, dass die Evolution zur Wiederherstellung der verlorenen Supersymmetrie strebt und wir dabei eine wichtige Rolle spielen.

DYNAMIK

Die Unauffindbarkeit der vollkommenen Symmetrie in der Welt erlaubt folgende These: Plötzlich auftretende Unterschiedlichkeiten in der abstrakten Supersymmetrie könnte die Ursache jener Dynamik gewesen sein, welche konkrete Substanzen produzierte, indem sie die potenzielle Schöpfungsmasse durch Werteverschiebung materialisierte und zur »Explosion« brachte, und sie fortan zur rastlosen Veränderung treibt. Vielleicht genügte dazu bereits ein minimal aufgetretenes Ungleichgewicht.

Der berühmte Physiker Stephen Hawking (geb. 1942) schreibt in seinem Buch »Eine kurze Geschichte der Zeit« (Rowohlt Verlag, 1989):

> »Warum sollte es so viel mehr Quarks als Antiquarks geben? Warum gibt es nicht von jeder Sorte eine gleiche Anzahl? Jedenfalls können wir uns glücklich schätzen, dass die Zahlen ungleich sind, denn wären sie es nicht, hätten sich im frühen Universum fast alle Quarks und Antiquarks gegenseitig vernichtet und ein Universum voller Strahlung, aber fast ohne Materie zurückgelassen. Dann hätte es keine Galaxien, Sterne oder Planeten gegeben, auf denen sich menschliches Leben hätte entwickeln können. Zum Glück bieten die großen vereinheitlichten Theorien jetzt eine mögliche Erklärung dafür,

dass das Universum heute wohl mehr Quarks als Antiquarks enthält, auch wenn die Anzahl beider ursprünglich einmal gleich gewesen ist.«

Das Ziel der modernen Physik ist, die vielfältigen Elementarteilchen in unserer Welt mit ihren unterschiedlich gebrochenen Symmetrien aus einer einzigen, gleichwertigen – hochsymmetrischen – »Teilchensorte« ableiten zu können.

Ganzheit

Unter den Lebewesen der Erde ist der Mensch eine Besonderheit. Er spiegelt als einziges Wesen die ganze Schöpfungsskala. Unten berührt sie den Ursprung des konkreten Seins: das elementare Positiv und Negativ, oben die abstrakte Unendlichkeit. Beide Extreme sind ideelle Werte, dazwischen ist das konkrete Sein. Als Miniaturabbild dieser Ganzheit, die wir Schöpfung nennen, ist der Mensch in ein begrenztes Umfeld gestellt. Hier reflektiert und bewertet er nach dem Maßstab des Wohlbefindens, der Neugier, dem Begehren und der Angst. Hinter allem steht das diffuse Gefühl, ein unentfaltetes Abbild der Welt zu sein; man kann es als eine Mischung aus Vakuum und magischem Streben nach Erfüllung bezeichnen. Wäre das Vakuum gefüllt, dann wäre die vollendete Selbst- und Welterkenntnis erreicht.

Die in der Welt von Anfang an wirkende Gegensätzlichkeit gestaltet das menschliche Wesen. Da gibt es einerseits bewusst wahrgenommene und andererseits unbewusst empfundene Eindrücke von der Welt und dem eigenen Körper. Reflektionen und Reflexionen zwischen Mensch und Welt, zwischen Bewusstsein und

Unterbewusstsein finden ständig statt. Wie könnte das System »Mensch« ohne schleifenförmig fließende Kräfte so eine Ganzheit sein?

Wenn man von der Annahme ausgeht, dass der Mensch ein schleifenförmiges System ist, dann ist die bewertende Stelle jener Punkt, wo sich die Impulse aus den verschiedenen Bereichen treffen und kreuzen. Diesen Punkt kann man als Zentrum der Ganzheit des Menschen bezeichnen, C. G. Jung nennt es das Selbst.

DER WEG, DAS SELBST UND DAS ICH

Die Welt ist physikalische Substanz, die Ganzheit des Seins ist purer Geist. Die Substanz der Welt ist teilungsfähige Materie, Geist hingegen ist ein immaterieller Wert, der durch Reduktion zum Unwert wird. Folglich ist der immaterielle Wesenskern des Menschen – das Selbst – unteilbarer Geist. Beim Ich ist es anders. Es ist zwar immateriell und nicht ohne Geist, der Geist aber ist im Ich reduziert wie Sonnenlicht am wolkigen Himmel.

Beim Selbst verhält es sich anders. Als Schnittpunkt der internen Energiebahnen ist es ein Punkt, der ebenso raumzeitlos ist wie der Schöpfungsanfang sowie das abstrakte Zentrum im Elementarteilchen. Insofern kann davon ausgegangen werden, dass das Selbst mit dem Wesen der Schöpfung und allen Dingen der Welt aufs Innerlichste verbunden ist. Das Ich hingegen verfügt zwar auch über einen zentralen Schnittpunkt, sein sinnlich beeinflusstes Zentrum jedoch tendiert mehr zur materiellen Pluralität als zur ideellen Singularität. Weil das »Selbst« und das »Ich« zusammen eine zwar lose, aber immerhin eine Einheit sind, stehen sie sich wie Negativ (abstoßend) und Positiv (anziehend) gegenüber. Diese Differenz und die Wechselwirkungen mit der Umwelt und Welt können als die Basis des Bewusstseins angesehen werden. Heimliches Ziel des Selbst ist naturgemäß seine materielle und ideelle Ganzheit. Es will, dass das pluralisierte Ich den Weg zur Einheit findet, weil es dann nicht nur mit dem eigenen Selbst, sondern auch mit der Welteinheit verbunden wäre. Weil das auf dem materiellem Weg allein nicht geht, ist die Forderung an das Ich, das Bewusstsein in Verbindung mit dem Denkvermögen dafür einzusetzen.

KOMPLEXITÄT

Bei jedem Lebewesen regelt das imaginäre Zentrum mittels Anziehungskraft die organischen und mentalen Prozesse. Daraus erklärt sich, dass nach einer Verletzung – ob körperlicher oder seelischer Art – die Wunde heilen kann. Sie heilt nach dem Modell der imaginären Ganzheit. Bei gering organisierten Lebewesen können in dieser Weise ganze Körperteile nachwachsen. Auch in Pflanzen ist die Imagination von Ganzheit, allerdings nicht so zentral wie bei höheren Lebewesen. Pflanzen, wie alle niederen Lebwesen, sind auch bestrebt, sich nach dem innewohnenden Idealbild ihrer Art zu formen.

Insgesamt zeigt die Evolution des Lebens: Symmetrie und Komplexität spielen die wichtigste Rolle. Wenn Komplexität und Symmetrie zunehmen, nehmen auch Leben und Geist zu. Höchstes Leben – sagt die Logik – wäre vollkommener Geist. Geht die Evolution des Lebens so lange weiter, bis alle Gegensätze symmetrisch vereint sind? Das kann nicht auf materieller Ebene geschehen, weil Materie selber Energie ist. Nur auf ideeller Ebene können beide Manifestationen des Seins in ihrer Bedeutung gleichgestellt sein. Wären dann, wenn die Evolution des Lebens ihr Ziel erreicht hat, auch die Erzgegensätze Gut und Böse, Leben und Tod vereint? Das wäre die absolute Symmetrie. Hier versagt unsere Logik. Denn absolute Symmetrie wäre absolut statisch, quasi tot. Lebendigkeit braucht Dynamik, das ist nur bei relativer Symmetrie, die zwischen Gegensätzen oszilliert, möglich. Was also will die Evolution, wenn es ohne Körperlichkeit nicht geht? Wird diese Ungereimtheit noch zu lösen sein?

KLETTERTOUR

Physikalisch gesehen gab es am Anfang der Schöpfung keine Materie. Die Masse der Welt war in Formlosigkeit verdichtet. Ihre Gegensätze befanden sich im Zustand hoher Symmetrie. Für Niels Bohr, dem Erfinder des Atommodells, war dies eher ein geistiger als ein physikalischer Zustand. Man kann sagen, es war ein »Nichts«, das die Daten der Welt enthielt.

Interessant ist der Vorgang der Teilchenbildung am Anfang der Schöpfung, wie ihn die Physik beschreibt, wenn sie von Symmetrieüberlegungen ausgeht: Am Anfang der Schöpfung waren alle Teilchen unaustauschbar, weil sie miteinander identisch waren. Ihre Symmetrie war nahezu absolut. Dann, mit abnehmender Energie – unmittelbar nach dem Urknall – wurden »Teilchen« unterscheidbar, indem sie in schwacher Form elektrische Ladungen, Drehimpulse und so weiter aufwiesen. Die vormals hohe Symmetrie begann sich zu verschieben und wurde zu unterschiedlichen binären Energiefeldern. Die komprimierten Daten wurden sozusagen dekompri-

miert und ins Materielle umgeschrieben. Immaterielle Felder enthielten die Feinkörnigkeit von Ladung
und Trägheitsmasse als Informationseinheiten. Das
ist die Grundlage aller Teilchen. Gravitations- und
elektromagnetische Wechselwirkungen erzeugten die
materiellen Vorstufen der Elementarteilchen. Unter-
schiedliche Teilchen verbanden sich mit anderen und
führten die total gebrochene Symmetrie zurück in
erste Symmetriestufen. Aus Chaos wurde allmählich
Ordnung und zunehmende Symmetrie. Die Evolution
war angesprungen. Aus gravitations- und elektromagnetischen Wechselwirkungen wurden Quarks, Glu-
onen, Photonen, Protonen, Neutronen und Elektro-
nen, Atome und Moleküle. Daraus formten sich alle
Substanzen und Formen der Welt, bis hin zu hochsymmetrischen Lebewesen. Und schließlich bis zum
vernunftbegabten Menschen, der die geistige Potenz
zur totalen Symmetrie, der Gleichstellung des »Alles«
mit dem »Nichts«, hat.

Der Mensch kann dank dieses aus der Sicht der Physik
beschriebenen Vorzugs auf die Klettertour der Schöpfung
zurückschauen und darüber reflektieren. Man könnte
nun meinen, bei so hoch entwickelter Symmetrie im
Menschen sei der Entwicklungsweg der Schöpfung voll-
endet. Die im Urknall zerbrochene Symmetrie ist aber im
Menschen, obwohl er sie denken kann, nicht realisiert;
die Ordnung seines Körpers und das System seines Wil-
lens sind instabil. – Die Klettertour ist nicht zu Ende.

UNTERSCHIEDLICH UND DENNOCH GLEICH

Seit Jahrtausenden ist die Menschheit bemüht, die totale Symmetrie – die Gleichwertigkeit der Erzgegensät-

ze – in Worte zu fassen. Der beste Begriff, der je dafür gefunden wurde, ist »Gott«.

Gell-Mann (Nobelpreisträger für Physik 1969) zeigt in seinem Buch »Das Quark und der Jaguar« die Bedeutung von Komplexität und Symmetrie. An sechs Diagrammen demonstriert er einige mögliche Kommunikationsmuster (A bis F) zwischen acht Individuen. In A ist kein Punkt mit einem anderen verbunden. In B sind einige, aber nicht alle Punkte miteinander verbunden. In C sind zwar alle Punkte miteinander verbunden, nicht aber auf jede mögliche Weise. So nehmen in jedem weiteren Muster die Verbindungsmöglichkeiten – die Komplexität – zu, bis schließlich im Muster F alle möglichen Verbindungen hergestellt sind. Welchen Mustern kann man nun, gemessen an welchen anderen, eine höhere Komplexität zuschreiben?

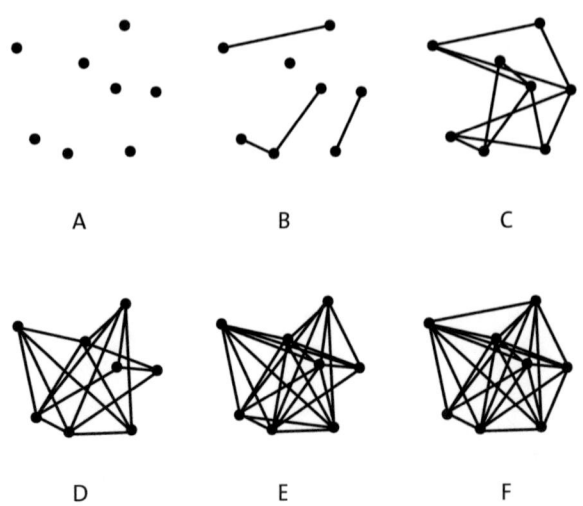

Abb. 4

Jeder wird zustimmen, dass A, da ohne Verbindung, einfach ist und dass B aufgrund einiger Verbindungen komplexer oder weniger einfach ist als A. Wie aber steht es mit den übrigen Mustern? Ein besonders interessanter Fall ist F. Auf den ersten Blick hält man es vielleicht für das komplexeste Beziehungsgefüge, weil es die meisten Verbindungen aufweist. Ist das jedoch richtig? Ist die Eigenschaft der »Allverbundenheit« nicht genauso einfach wie die »Unverbundenheit«? Vielleicht gehört F aus diesem Grund zusammen mit A an das untere Ende der Komplexitätsskala *(Abbildung aus »Das Quark und der Jaguar« von Murray Gell-Mann).*

DER URKRIEG

Die aus der absoluten Symmetrie und Ruhe des Seins durch einen Impuls erweckte Gegensätzlichkeit war wie eine vom Urchaos an die absolute Symmetrie gerichtete Kriegserklärung. Mit dem Urknall wird die Drohung konkret. Im Sturm wird die totale Symmetrie abgeschafft; die ortlose Ruhe der Ewigkeit wird aufgehoben und durch Aktionen im Raum und in der Zeit ersetzt. Doch die Rechnung der rebellierenden Kraft geht nicht auf. Ihr Urwesen ist Spaltung, das macht für sie den Endsieg unmöglich. Mit ewiger Spaltung kann sie niemals eine absolute Einheit werden.

Der Kampf begann mit Quanten und Quarks. Seit die Menschheit auftrat, geht es auch noch mit »Ja« und »Nein« weiter. Jetzt, auf dieser hohen Stufe, geht es nicht nur um den Besitz der Welt, jetzt geht es auch noch um Leben und Tod.

Vorzug der einfachen Sicht

Um die Welt zu verstehen, sollte man nicht nur auf die Wissenschaft, sondern auch auf sich selber hören.

Logik mit Risiken und Nebenwirkungen

Feuerwerk am Nachthimmel. Kugelförmig breitet sich Sternenpracht aus – ein gleichnishaftes Bild für den Schöpfungsanfang. Zu sehen gab es allerdings nichts. Nicht weil es keine Beobachter gab, es gab auch keine Materie. Mit Urgewalt drängte Urkraft vom »Zentrum« nach »außen« in die Unendlichkeit. Wobei »außen« ebenso wie »Zentrum« nicht wörtlich zu nehmen ist, es gab ja keinen Raum, der musste erst entstehen und mit ihm die Zeit.

Aus unserem Verständnis, das wir von dem Begriff »Sein« haben, müsste man sagen: Es gab noch nichts. Wie aber soll aus nichts etwas werden? Versagt hier die Logik? Eigentlich nicht, sie braucht nur eine andere Basis. Wir gehen, wenn wir Logik anwenden, mit physikalischen oder mentalen Werten um. Wir möchten Wertigkeiten miteinander organisch verbinden, sodass sie zu einem sinnvollen Ganzen hinführen, und dann, ausgehend von diesem Ganzen, wieder zurückverfolgt werden können.

Mit Logik möchten wir eine eigene Welt bauen, mit der wir umgehen können. Nach diesem Muster bemühen wir uns, unsere Alltagswelt einzurichten. Nach der gleichen Methode und zum gleichen Zweck bemüht sich die Wissenschaft die Welt nachzubauen. Das ist ihr so weit gelungen, dass sie jetzt am Anfang der Schöpfung angekommen ist. Anstatt nun am Ziel zu sein, sieht sie sich jetzt mit dem »Nichts«, das logischerweise kein Nichts sein kann, konfrontiert. Nun sieht sie sich in großer Not. Mit ihren Messmethoden kommt sie nicht weiter. Das Einzige, mit dem jetzt noch gearbeitet werden kann, ist pure Logik – mit allen Risiken und Nebenwirkungen.

WERT DER BEHINDERUNG

Die Natur hat uns Geisteskraft gegeben. Geisteskraft hat die Menschheit durch die Welt getrieben. Sie lässt uns jetzt, da wir vor dem »Nichts« stehen, nicht ruhen. Also müssen wir uns mit abstrakten Werten im Niemandsland herumschlagen.

Am Anfang war kein »Nichts«, sagt die Logik, da war nur pure Kraft. Kraft wäre keine Kraft, wenn sie kein Medium hätte. Medium der elementaren Kraft kann nur Energie sein. Energie aber braucht Substanz, um überhaupt Medium sein zu können. Die Logik sagt, etwas kann nur dann konkret sein, wenn es mit Gegensätzlichkeit behaftet ist, das heißt, es muss irgendwie begrenzt sein. Kraft an sich gibt es nicht. Real wird sie erst durch ein drängendes Streben nach mehr, das auf Widerstand trifft, und wenn sie ein Medium hat, das sie trägt. Da kommt eigentlich nur Energie in Frage. Energie ist elementar und in sich gegensätzlich. Wir kennen sie als positiv und negativ. Was genau das aber ist, wissen wir nicht. Wir wissen nur aus Erfahrung: das eine bewegt, das andere hemmt. Ist Kraft etwa dasselbe wie Energie? Und umgekehrt, ist Energie dasselbe wie Kraft? »Energie« wird als die *Fähigkeit,* Arbeit zu verrichten, definiert, um entweder einen Bewegungszustand (kinetische Energie) oder das Potenzial eines

Objekts (Potenzenergie) zu verändern. Sie ist auch in ruhendem Zustand messbar, Kraft hingegen nur als *Aktion*. In der klassischen Physik ist Kraft ein Vektor, der die Geschwindigkeit eines Körpers verändert; eine gerichtete Anziehung oder Abstoßung. Die Stärke einer Kraft folgt dem Gefälle einer Potenzveränderung. Je steiler die Veränderung, desto stärker ist die Kraft (im Allgemeinen wird dieser Vorgang als »Wechselwirkung« bezeichnet). Zunächst fallen drei Möglichkeiten der Wirkungsweise auf. Entweder wird Kraft (Energie) eingesetzt, um etwas aufzubauen oder um etwas abzubauen oder um Änderung in einem Status quo zu verhindern. Logisch ist, dass diesen Möglichkeiten jeweils ein Impuls vorausgehen muss.

Im aktionslosen Vorschöpfungszustand war zweifelsfrei die Potenz zur Schöpfung enthalten. Die elementaren Gegensätze, das »Alles« und das »Nichts,« müssen dort im vollkommenen Gleichgewicht gewesen sein. Die mit dem Schöpfungsanfang anrollende Lawine kann nur durch eine Störung des Gleichgewichts ausgelöst worden sein. Bei den freigesetzten Aktivitäten sind zwei Richtungen erkennbar: Streben nach endloser Ausdehnung und Streben nach endloser Zusammenziehung. Ohne gegenseitige Behinderung würde sich jedes Richtungsstreben im Nichts verlieren. Nur im gegenseitigen Behindern werden sie real. Woher aber kommt der Impuls? Unser herkömmliches Weltmodell – der Kreis – bietet dafür keine Erklärung.

Ist die Schöpfung digital?

Die Logik sagt: Die Potenz im Vorschöpfungszustand kann kein Nichts gewesen sein. Nach unserem

Verständnis waren es komprimierte Daten von materiellen Werten. Die Logik sagt auch: Nur Materie kann komprimiert und dekomprimiert werden, Geist nicht. Das Wesen des Geistes ist ideelle Einheit und als solche körperlos, der Geist braucht aber Materie, die ihn trägt. Wir wissen, jedes Stückchen Materie ist ein Datensystem, das Impulse und Vernetzungen benötigt, um existieren zu können. Jede materielle Ganzheit besteht aus verknüpften Substanzen, die sich wechselseitig beeinflussen, indem sie durch immaterielle Kräfte bewegt werden. Somit ergeben Energie, Materie und schließlich auch der unspaltbare Geist zusammen die aktiven Ganzheiten und letztlich auch die Ganzheit des Seins.

Im maximal komprimierten Zustand, wie er vor dem Schöpfungsanfang zweifellos existent war, war der Anteil des Geistes, was er immer war und immer sein wird: die Idee von der universalen Ganzheit. Und der Anteil der Materie war, was er ewig ist: einerseits die Idee von der universalen Vielheit und andererseits die Idee vom partiellen Nichts (weil absolutes Nichts nicht sein kann).

Ein Vergleich mit der Computertechnik kann hier weiterhelfen. In der Computersprache wäre das universale Sein der Datenträger. Darauf ist unter anderem eine Datei namens »Schöpfung«. Deren Datenmenge ist so berechnet, dass sie eine begrenzte Ganzheit ist (Energieerhaltungsgesetz). Um diese faktische Ganzheit nicht zu zerstören, kann die vorhandene Datenmenge zwar modifiziert, nicht aber erhöht oder gemindert werden. Damit das alles möglich ist, muss auf der Festplatte ein spezielles Betriebssystem installiert sein. Dieses wiederum besteht aus speziellen Dateien, mit deren Hilfe das Betriebssystem zur Anwendung kommen kann. Über allem Datenreichtum steht der ewige Urgeist – die Idee von der absoluten Ganzheit. Darin ist zugleich auch das partielle Nichts der Vielheit enthalten. Die Sprache der Schöpfung wäre dann wie beim Computer digital, also 1 und 0 beziehungsweise Sein und Nichtsein, Plus und Minus oder Ja und Nein.

Erwiesen ist, dass der sogenannte leere Raum vollständig mit Energiefeldern gefüllt ist. Die Anregung eines Feldes (durch direkte Wechselwirkung oder zufällige Fluktuation) reißt das Vakuum aus seinem stillen Zustand heraus und bringt das Energie- und Impulspaket (das Quant) hervor. So können jederzeit, wie zufällig, aus dem »Nichts« Teilchen entstehen. Für jedes Teilchen gibt es ein Antiteilchen und für beide ein entsprechendes quantenmechanisches Feld. Mit jedem Feld sind etliche Energieniveaus und Wahrscheinlichkeiten verbunden. Es ist das materielle Verhalten dieser Felder, das aus dem »Nichts« etwas erschafft. Jedes Teilchen stammt aus der Anregung eines quantierten Feldes in seinem niedrigsten »Vakuum«-Zustand.

In einfachen Worten: Vakuum, Energiefelder und Fließbahnen tragen die Welt. Alles Begrenzte kommt aus dem Absoluten, alles Begrenzte strebt zum Absoluten. Alles fließt, weil es in schleifenförmigen Bahnen verbunden ist.

Teil 3: Wohin will das Leben?

Geburt in ein höheres Sein?

Niemand kann sich vorstellen tot zu sein.

Aufforderung an den suchenden Geist

Warum gibt es Lebewesen in so vielen Arten? Muss es überhaupt alle geben? Auf einige könnte man gern verzichten. Werden etwa Zecken und Stechmücken gebraucht? Vielleicht aber hat alles Sinn. Vielleicht gibt die Artenvielfalt Auskunft über das uralte Rätsel: Was ist Leben? Vielleicht ist die Artenvielfalt sichtbarer Ausdruck eines organischen Systems.

Einsehbar ist, dass höher organisierte Lebewesen ohne die geringer organisierten nicht leben können – Gräser brauchen nicht das Rind, das Rind aber die Gräser. Die Abhängigkeitsverhältnisse stellen die Artenvielfalt als eine »Leiter« dar, die das Unten mit dem Oben verbindet. Es ist bekannt, dass die Populationen in sehr empfindlichem Verhältnis zueinander stehen. Wird gewaltsam eine Art zu sehr reduziert oder gar vernichtet, wirkt sich das negativ auf das ökologische System aus. Gewissen Arten fehlt dann der natürliche Feind, anderen die Nahrung. Arten ohne Feind vermehren sich übermäßig und verdrängen andere. Jene ohne Nahrung sterben aus. Wir werden uns wohl damit abfinden müssen, dass Zecken und Stechmücken, wie wir auch, Teile des allgemeinen Lebenssystems sind. Die Konsequenz ist dann: Wenn dieses System krank wird, werden auch wir krank.

DER SPIEGEL IST BLIND

Jeder kennt den Begriff »ökologische Einheit« und kann sich auch etwas darunter vorstellen, verinnerlicht ist er trotzdem nicht. Bei einem Spaziergang durch die Natur bemerkt kaum jemand, dass er mitten in der ökologischen Einheit drin ist, noch viel weniger, dass er selbst dazugehört. Er sieht nur, wenn er überhaupt darauf achtet, materielle Einzeldinge. Man lebt nun mal im mesokosmischen Weltbild – ein Weltbild, das von den Sinnen geprägt ist und nur einen winzigen Ausschnitt der Wirklichkeit wahrnimmt.

Mit diesem relativ engen Weltbild konnten bis vor Kurzem noch unsere Vorfahren ein sinnvolles Leben führen, weil sie die als real erfahrene Welt mit einer gesunden Spiegelwelt erweiterten. Uns Modernen hat sich der als real empfundene Weltausschnitt ins Uferlose erweitert. Dieser Spiegel ist nicht nur beschädigt, er ist auch voll blinder Flecken. Immerhin wissen wir heute, dank des wissenschaftlichen Fortschritts, dass die Dinge, mit denen wir täglich umgehen, weit über den Spiegelrahmen hinausgreifen.

SCHNEE VON GESTERN

Einer der Gründe des Missverhältnisses zwischen der wahren und der für wahr gehaltenen Welt liegt im mechanistischen kartesianischen Weltbild. Es bestimmt immer noch unser Leben. Inzwischen kann man sagen: unser aktuelles Weltbild ist »Schnee von gestern«. Aus dieser veralteten Sicht beziehen Wirtschaft und Politik ihr Anrecht auf uneingeschränktes materielles Wachstum, sowie ihren Glauben, dass Verlust an Natur durch Wohlstand in Form von Massenprodukten und synthetischen Erlebniswelten wettgemacht werden könne.

Allmählich aber melden sich alarmierende Zeichen: Gewalt, unkontrollierbare Kapitalströme, zunehmende Armut, Naturkatastrophen, Terror und neue Krankheiten in globalem Ausmaß. Angst wird zum ständigen Begleiter. Wann ist die Schmerzgrenze erreicht? Etwa, wenn Regierungen nicht mehr regieren können? Wenn Versicherungen die Schäden nicht mehr abdecken und Versicherte die Prämien nicht mehr bezahlen können?

TUNNELBLICK

Im mesokosmischen Weltbild ist schwer vorstellbar, die Schöpfung habe ein konkretes Entwicklungsziel. Man müsste dann annehmen, die Schöpfung habe einen Willen, einen freien Willen sogar. Wer oder was, außer einem intelligenten Lebewesen, kann einen freien Willen haben?

Man sieht aus mesokosmischem Standpunkt: die Natur funktioniert in bewundernswerter Weise, dient auch als Maßstab für unsere besten kreativen Leistungen, in gewisser Weise ist sie aber dumm. Sie reagiert zwar immer optimal – wenn auch nicht immer nach unseren Wünschen –, aber ein Wille ist bei ihr mit bestem Willen nicht zu finden. Man sieht doch, dass sie uns widerspruchslos jene Kräfte überlässt, die wir zu beherrschen gelernt haben. Was wir daraus machen, liegt ganz allein an unserem Willen und Geschick. Die Natur, das müssen wir gestehen, ist zwar ein genialer Lehrmeister, aber für uns ist sie kein Partner. Weil wir intelligent sind und untereinander kommunizieren können, empfinden wir uns der »stummen« und »willenlosen« Natur überlegen. Wie Konquistadoren aus einer anderen Welt greifen wir nach ihren Schätzen.

RIESE MIT MILLIARDEN AUGEN

In geraffter Form erscheint die Schöpfung ganz anders, als wir sie wahrnehmen. Im Zeitraffer ist es, als erwache ein Riese. Sein Leben fing in einer Winzigkeit an, die noch kleiner war als unser Anfang im Mutterleib. So wie bei uns aus der Vereinigung zwischen männlicher und weiblicher Keimzelle eine schier endlose Kettenreaktion erfolgte, die zu unserer heutigen Gestalt führte, so ähnlich entfaltete sich aus elementaren Gegensätzen die unendliche Vielfalt der Schöpfung.

Man kann davon ausgehen, dass im winzigen Schöpfungsanfang, wie beim Menschen, die spätere Form und der spätere Charakter angelegt waren. Zum Charakter der Schöpfung gehören die Naturgesetze, die Biosphäre, die Flora und Fauna, der Mensch und die Menschheit.

Reflektierend greift der reifende Menschengeist nach der Schöpfung. Durch Reflexionen mit den im Geist gespeicherten Erfahrungswerten nimmt er sich selber und die Schöpfung wahr. Mit dem Bewusstsein der Menschheit entdeckt sich die Schöpfung selbst. Es ist, als wären die Milliarden Menschen das Auge, mit dem der Riese sich selbst betrachtet.

TIEFE WURZEL

Der weiseste Mensch weiß wenig von sich, von der Schöpfung und vom Sein. Wenn aber das Wissen der Menschheit über alle Zeiträume hinweg von einem zentralen Bewusstsein empfunden und gespeichert wäre, ergäbe das ein respektables Bild von der Schöpfung. Aber so ist es nun einmal nicht. Jede Generation erlebt nur den Austausch zwischen interessierten Zeitgenossen, eigenem Erleben und dem Wissen aus archäologischen Funden und literarischen Quellen. Wie jedoch wäre es, wenn Menschengeister aus allen Zeiten so etwas wie Zellen eines übermenschlichen Gehirns wären? Eine einzelne menschliche Gehirnzelle kann den Menschen nicht verstehen; als lebendiges Teilchen des Hirns ist sie gleichwohl notwendiger Bestandteil des Bewusstseins.

Die Vorstellung, wir wären Teile eines übermenschlichen Lebewesens, passt nicht in unser Weltbild, und die Vorstellung, dass die Schöpfung ein Lebewesen sein könnte, schon gar nicht. Doch Ähnlichkeiten zwischen dem Wesen der Schöpfung und dem des Menschen sollten zu denken geben. Sowohl in der Schöpfung als auch im Menschen sind Spuren aus allen Entwicklungsphasen enthalten. Weil es so ist, kann die Wissenschaft die biologische Evolution vom Menschen bis zur Urzelle zurückverfolgen, und darüber hinaus durch die Schöpfung hindurch bis in den Urknall hinein.

Bekannt ist: Die menschliche Gestalt beginnt im Mutterleib wie im Urmeer zu wachsen, erlangt fischähnliche Gestalt, mutiert zum säugetierähnlichen Wesen und nähert sich allmählich der menschlichen Gestalt. Die tiefste Wurzel des Menschen jedoch reicht, wie erwähnt, bis in den raumzeitlosen Anfang der Schöpfung hinein.

Die Vermutung, dass es so etwas wie ein universales Gedächtnis geben könne, gehört längst zum Standard der Physik (die Quantentheorie erlaubt keinen Informationsverlust). Die Stringtheorie weist in eine ähnliche Richtung. Gerard 't Hooft (Physik-Nobelpreis 1999) sagt: »Es handelt sich um winzige Saiten oder Schleifen – um Strings. Strings sind so klein und zahlreich, dass sie die gesamte Information von allen Ereignissen in der Welt speichern können.«

TOD – DAS ABSOLUTE AUS?

»Was sind wir in einem Universum, wo die Erde wie ein Sandkorn ist?«, fragt der Skeptiker. »Was nutzen da Spekulationen und Ambitionen?« … Das ist richtig und zugleich falsch. Richtig ist es in Bezug auf menschliche Werke und Eitelkeiten, falsch hinsichtlich der Tatsache, dass wir Geist besitzen. Unsere ichbezogenen Werke sind so vergänglich wie unser Körper, echter Geist hingegen – als Manifestation der Schöpfungsordnung –, den wir ja produzieren, ist zweifellos pure Realität. Die ist so beständig wie die Gesetze der Natur. – Und, ist ein Quäntchen erkennender Geist nicht der Masse des Universums qualitativ überlegen?

Noch etwas fällt auf: unsere Abhängigkeit von der Natur. Ist die Erde mit ihrem kosmischen Umfeld und ihrer Biosphäre vielleicht so etwas wie eine Plazenta? An den Kreislauf der Natur sind wir gebunden wie das Embryo an den Kreislauf seiner Mutter. Warten wir etwa – der einzelne Mensch ebenso wie die Menschheit – auf eine Geburt in eine höhere Dimension?

Dass das Menschenleben auf so etwas wie eine Geburt ausgerichtet ist, darauf weist eine Merkwürdigkeit hin:

Der Mensch irrt in der Welt umher und sucht Glück wie einen verborgenen Schatz. Ist endlich einmal so etwas wie Glück gefunden, löst es sich im Nu wie eine Fata Morgana auf und die Sucherei beginnt von neuem. Ist der Tod womöglich gar kein Ende? Ist er vielleicht eine Geburt in eine andere Dimension des Seins?

Wert der Mitte

In der Mitte sind sich Anfang und Ende gleich nah und gleich fern.

Der beste Schimpanse

Die biologische Einheit lässt sich als Pyramide darstellen. Ganz unten sind einfachste Lebewesen als Basis. Komplexere Lebensformen schichten sich darüber auf. Direkt unter der Spitze ist der Platz des Schimpansen. Über ihm steht einsam die Gattung Mensch. Scheinbar fehlt dem Schimpansen nur ein kleiner Entwicklungsschritt, um neben uns zu stehen.

Obwohl das einleuchtend erscheint, spricht folgende Argumentation dagegen. Jedes Lebewesen ist optimal seiner Erhaltung im Lebensraum angepasst. Bau und Funktion eines Lebewesens stehen ganz im Dienst dieser Anpassung. Bei Änderung der Bedingungen antwortet der Organismus mit Regulationen, die seine Erhaltung sichern sollen. Um diese lebenswichtige Funktion zu erfüllen, muss der Organismus in der Lage sein, Änderungen der Außenwelt als Information aufzunehmen und diese so zu verarbeiten, dass die daraus resultierenden Reaktionen der gegebenen Situation entsprechen. Diese Regulationen sind immer auf das ganze Wesen abgestimmt. Ihr Ziel ist die Konstanthaltung der inneren Bedingungen des Organismus. Durch das Ineinanderwirken aller Vorgänge kann der Organismus als Ganzes bezeichnet werden. In diesem Sinne hat jedes

Lebewesen seinen einmaligen Platz im biologischen System, den es leistungsmäßig nicht überschreiten kann. Der Schimpanse kann also kein besserer Schimpanse werden, weil er bereits der beste ist.

Vorteilhafte Mittelmässigkeit

Der Mensch nimmt, was seine Sinne und Körperleistungen angeht, im Vergleich zu Tieren aller Art, eine Sonderstellung ein. Er findet sich zwar gut in seiner Welt zurecht, dennoch ist seine Ausstattung ziemlich mangelhaft. Verglichen mit der Skala der Säugetierwelt nimmt er einen mittleren Platz ein. Viele dieser Tiere sind schwächer als er, viele stärker, viele träger, viele agiler, viele sehen, hören, wittern besser. Mit keiner seiner Eigenschaften und Fähigkeiten ist der Mensch an der Spitze (die Denkfähigkeit ausgenommen), aber auch nicht ganz am unteren Ende der Skala. Doch gerade wegen seiner eingeschränkten Fähigkeiten vermittelt sich ihm ein umfassender Eindruck von der Welt. Das ergibt eine Werteskala, die von null bis unendlich reicht. Null und unendlich sind wertneutral und somit wesensgleich. Diese Wesensgleichheit der Weltbildextreme gibt seinem Denkvermögen eine Kreisförmigkeit, die er drehen kann wie ein Rad, er kann das Oben ins Unten verkehren und umgekehrt und er kann Teile herausnehmen und neu kombinieren. Darin liegt seine geistige Flexibilität, das ist die Grundvoraussetzung für seine Freiheit.

Die kognitive Skala bei Tieren, selbst bei hochentwickelten, weist Lücken auf, Lücken die ihr Wille nicht überschreiten kann. Das Oberste kann mit dem Untersten nicht verbunden werden. Nur innerhalb enger Bereiche ist mischen möglich. Anstatt über freien Willen, verfügen sie über mehr oder minder blinde Instinkte.

GEWAGTE THESE?

Die Vorgeschichte der Menschheit können wir nur erahnen, das ist schmerzlich, aber nicht tragisch – vorausgesetzt, die Schöpfung hat System. Wenn sie System hat, dann liegt der Grund für den Spitzenplatz der Menschheit im elementaren System und nicht in früher Weichenstellung. Wesenhaft ist dann Skalenbildung durch Progression. Das heißt, Entwicklungen bleiben immer mit ihrem Ausgangspunkt, den sie in der elementaren Skala haben, verbunden.

Die Spezies der Mitte war in der biologischen Evolution wegen ihres unspezialisierten Wesens lange im Nachteil. Doch gerade dieser Schwäche verdankt sie ihre spätere Stärke, denn sie besitzt die Fähigkeit, aus vielen Bereichen ein wenig wahrzunehmen und zu speichern. So konnte aus vielen Details in Äonen ein kleines rundes Bild von der Welt erworben werden. Permanente Not, die es immer wieder gab, hat jene ersten Lebenskeime der Mitte gezwungen, ihr Potenzial zu nutzen. Damit konnte sie sich erfolgreich gegen Bedrohungen wehren und schließlich ihren Feinden das Fürchten lehren.

Ein bemerkenswerter Umstand gibt Anlass, über die Tatsache, dass es verschiedene Menschenrassen gibt, nachzudenken. Auf der Urerde gab es, geologisch und klimatisch bedingt, Unterschiede in der biologischen Skala, jede Variante hatte ihre eigene Mitte. Folglich konnten sich die Eigenschaften der Mitte an vielen Stellen der Erde entfalten. Es ist nicht vermessen, davon auszugehen, dass die heutige Menschheit nicht nur einen Ursprung hat. Jede dieser Skalen konnte Keim einer menschenähnlichen Rasse sein. Weil sich Umweltverhältnisse in Millionenjahren gewaltig änderten, konnte sich nicht jede Art bis in unsere Gegenwart erhalten und entfalten. Viele verschwanden, bevor sie menschliche Formen annehmen konnten, und andere, wie beispielsweise der hoch entwickelte Neandertaler, mussten dem günstiger ausgestatteten Homo sapiens weichen.

Zur bekannten These, die Wurzeln der Menschheit lägen in Afrika, gibt es eine weniger bekannte Gegenthese von einer Forschergruppe um Milford Wolpoff, University of Michigan. Wolpoff favorisiert die Vorstellung einer »multiregionalen« Entstehung des modernen Menschen. Demnach wäre der heutige Homo sapiens an verschiedenen Orten der Erde mehrfach unabhängig aus homo-erectus-ähnlichen Vorfahren hervorgegangen.

Die Vermutung bietet sich an, dass jede Art in der ökologischen Einheit einen Platz einnimmt wie bei uns die unterschiedlichsten Zellarten im Körper. So kann die in Jahrmilliarden gewachsene ökologische Vielfalt als Gesamtkörper angesehen werden, dessen Kopf von Anfang an jene Populationen waren, aus denen die heutige, aus vielen Rassen zusammengesetzte, Menschheit geworden ist.

WAS ADAM UND EVA SAGEN MÖCHTEN

Wer befürchtet, die anthropologische Schöpfungsgeschichte, wie in der Bibel beschrieben, könne dem modernen Geist nicht standhalten, kann beruhigt sein. Die Parabel von Adam und Eva wird nicht außer Kraft gesetzt. Wer sich allerdings Adam und Eva als konkrete Gestalten vorstellt, muss enttäuscht werden. Diese Geschichte hat nur als Analogie Sinn. In anschaulichen Bildern beschreibt sie den Entwicklungsweg der Menschheit, von der Urzelle bis hin zum Erwachen der Vernunft und darüber hinaus.

Die Parabel personifiziert die biologische Evolution und nennt ihre Anfangsphase »Adam« (Synonym für Urkeim). Damit wird zum Ausdruck gebracht, dass bereits die frühe Phase den Keim der Menschheit enthielt. Als die zweigeschlechtliche Fortpflanzung aufkam, trat der Menschheitskeim in die zweite Phase. In der Parabel ist »Eva« (Synonym für erwachte Psyche). Aus »Adams Rippe« (Synonym für biologische Substanz) wurde Eva – sozusagen der freie, aber verführbare Wille –, als geistig-seelisches Pendant zum physischen Körper. Die Verführung durch die »Schlange« (Synonym für die im Bewusstsein erwachte Sinnlichkeit), vom »Baum der Erkenntnis« die Frucht zu essen (die physische Welt geistig vereinnahmen), ist, wie sich besonders heute zeigt, ein geniales Gleichnis.

Die Menschheit in der Frühphase lebte glücklich, bis sie anfing nach der Welt zu greifen. Das war der Anfang der Zivilisation und das Ende der paradiesischen Unschuld. Die Vertreibung aus dem Paradies beschreibt das Erwachen der Vernunft in der biologischen Evolution und ihre Folgen. Vor der Erkenntnis lebten die Menschen sorglos wie Kinder in den Tag hinein, ohne quälende Ängste, nur auf den Augenblick fixiert, geleitet durch sichere Instinkte. Damit war es vorbei, als das Bewusstsein erwachte. Von nun an weitete sich das punktförmige Licht der Gegenwart in zwei Richtungen: zurück in eine Vergangenheit, die sich im Nebel verlor, und vorwärts in eine Zukunft in der Dunkelheit, in der gute und böse Geister hausten, die bei Laune gehalten oder besänftigt werden mussten. Vorbei war das sorglose Leben. Und der Weg zurück ins Paradies war vom »Engel mit dem Feuerschwert« (Synonym für die Unumkehrbarkeit der Zeit) verwehrt.

In dieser Parabel hat der Verführer – der Widersacher Gottes – ursächliche Wirkung auf den Fortschritt. Er verspricht der aufgewachten Eva (der erkennenden Seele) Erkenntnis und Gottgleichheit, wenn sie sich über das Gebot Gottes hinwegsetzt und ihren Mann, den Praktiker, dazu bringt, die Grenzen der reinen Natur zu überschreiten und sich in die Eigengesetzlichkeit der Zivilisation zu wagen.

Gott ist in dieser Parabel lediglich Vater der Geschöpfe, aber keine treibende Kraft. Sein Widersacher hingegen, der Satan, sieht im Menschen ein überaus brauchbares Werkzeug für seine Ambition, nämlich selbst Gott zu spielen und sich die Welt unter den Nagel zu reißen. Dazu braucht er ebenso die nüchterne Rationalität »Adams« wie die Emotionalität und Neugier »Evas«. Beide Positionen sind in unterschiedlichen Portionen in jedem Menschen enthalten. Seit dem Einbrechen der Zivilisation in die Ordnung der Welt sind das die entscheidenden Faktoren des technischen und wissenschaftlichen Fortschritts.

Wenn es gelänge, so meint der Verführer, die potentiellen Fähigkeiten des Menschen für sich zu gewinnen, dann könne er im Menschen seine Position als Antigott hervorragend ausbauen. Der Satan will den »Fortschritt« als Mittel für sein Ziel, die Welt zu beherrschen, und provoziert ihn mit Eifer – bis auf den heutigen Tag. Doch Gott macht es ihm nicht leicht. Wie ein Judokämpfer mit schwarzem Gürtel nutzt er die Kraft seines Gegners für sein Ideal, nämlich für die Vereinigung aller Gegensätze auf geistigem Weg. Das Ergebnis wäre dann vollkommenes Leben ohne den Triumph des Todes.

SACKGASSE

Hat die Welt Zukunft? ... Trotz gut gemeinter Bemühungen bessert sich die Lage nicht.

WOHIN GEHT DIE REISE?

Noch zu Beginn des 19. Jahrhunderts galt in der Biologie die vorherrschende Lehrmeinung von der Unveränderlichkeit der Arten. Man war der Ansicht, dass die Arten, wie wir sie jetzt vorfinden, seit Beginn der Welt vorhanden seien. Es gebe also so viele Arten, wie Gott am Anfang erschaffen habe. Fossilien betrachtete man nicht als versteinerte Reste von Lebewesen, sondern hielt sie für Spielereien der Natur. Fortschreitende Erkenntnisse, vor allem in der Geologie und Biologie, änderten allmählich diese Ansicht. Den entscheidenden Durchbruch schließlich erreichte Darwins Abstammungslehre. Ihm erst gelang es, für die Evolution der Organismen eine einleuchtende Erklärung zu geben. Seine Abstammungslehre sagt, dass die jetzigen Lebewesen, so wie sie sind, nicht von jeher so beschaffen waren, sondern sich unter langsamer, stetiger Abwandlung ihrer Formen aus andersartigen Lebewesen entwickelt haben. Am Anfang einer solchen Entwicklung standen ganz einfache Formen, denen immer höher differenzierte folgten. Auf dieser Lehre basiert die moderne Biologie.

Entwicklung findet also statt. Wo aber geht sie hin? Mit rationalem Denken ist das nicht zu beantworten, es denkt linear. Entwicklungen in der Realität verlaufen aber nicht immer linear. Hinzu kommt, dass im Hintergrund der Welt – dem Mikrokosmos – die Gesetze der klassischen Physik versagen. Außerdem: Alles in der Welt ist vernetzt. Das übersteigt unser Fassungsvermögen. Infolge unserer Begrenztheit erleben wir hauptsächlich den Vordergrund. Das hat Folgen für unser Leben und den Zustand unserer Zivilisation.

Weil der Vordergrund der Welt und deren Hintergrund in unserem Bewusstsein fragmentierte Teile einer realen Ganzheit sind, können wir nicht mit klarem Blick sehen, dass sowohl die physikalische wie auch die biologische Entwicklung auf verschlungenen Wegen zur Wiederherstellung der verlorenen Ganzheit streben. Wäre es nicht so, dann wäre es wie Jacques Mono in seinem Buch »Zufall und Notwendigkeit« sagt: »Das Leben ist ein Zufallstreffer.« Dann aber fehlte dem Leben wie auch der physikalischen Evolution ein realistisches Ziel. Wir müssten dann (wie es heute tatsächlich geschieht) in der von uns selbst geschaffenen Zivilisationswelt selbst Ziele setzen. Weil aber die selbstgeschaffene Zivilisationswelt ähnlich begrenzt ist wie die physikalische Welt, wäre Leben in der Welt eigentlich eine Unmöglichkeit.

DIE TREIBENDE KRAFT UND DIE ANTIMACHT

Hunger, Sexualtrieb, Verlangen nach Sicherheit und Anerkennung treiben das fragile Leben durch die Welt. Und Hunger nach Wissen und Macht treiben den schwachen Geist in die Unbegreiflichkeit des Seins. – Zerbrechliches will sicher werden und Zerbrochenes heil. Dafür wird auf allen Ebenen gekämpft.

Geist ist nicht ausschließlich menschliches Denkvermögen, er ist auch eine wesentliche Eigenschaft lebender Systeme. Die lebende Welt ist in mehrschichtigen Strukturen auf mehreren Ebenen geistvoll organisiert. Im Organismus sind verschiedene Ebenen von Geisttätigkeit feststellbar. Nämlich bei Zellen, Geweben und Organen – und natürlich bei der sich selbst erfassenden Geisttätigkeit des Gehirns. Diese wiederum weist, je nach den verschiedenen Phasen der menschlichen Entwicklung auf mehrere Ebenen hin. Insgesamt gesehen, hat das Lebendige über Jahrmilliarden seine Welt erfolgreich abgebildet.

Prinzipiell erweist sich die Geisttätigkeit als das beste Mittel im Lebenskampf. Insofern ist das menschliche Hirn eine Superwaffe – sowohl zum Nutzen wie zum Schaden des Menschen und der Umwelt.

Mit Geist will offenbar das Leben die Welt erfassen. Aber eine geistige Antimacht dreht permanent die Wirkungsweise um. Mit verführerischen Denkmodellen versucht sie, dem Menschen Pseudoleben in künstlichen Welten schmackhaft zu machen. Doch heute in der schnelllebigsten aller Zeiten verschleißen solche Scheinrealitäten schneller als jemals zuvor. Geschwind aber kommen andere nach. Immer schneller wechseln die Modelle, immer schneller dreht sich der Kreis. Wenn nichts Wesentliches geschieht, wird er in nichtssagender Langeweile versinken.

HOFFNUNG?

Heute, bei den desaströsen Auswirkungen menschlichen Handelns fragt man sich, ob die biologische Entwicklung jemals ihr Ziel, nämlich Leben in gesicherter Ganzheit, erreichen wird. Ein Blick zurück könnte Hoffnung machen. Immerhin fand bei aller Destruktion technischer Fortschritt statt, das führte nach »oben« – zur Hightechzivilisation. Ethische Entwicklung blieb allerdings aus. Nach anfänglicher Euphorie haben die Ideale der kalten Technikwelt an Glanz verloren, die eisig gewordene Welt weckt Sehnsucht nach Wärme.

Zum modernen Weltbild gehört, sich selbst und die Mitmenschen nach Leistungsfähigkeit zu beurteilen. Je größer die Leistung, je erfüllter das Leben, so lautet die Devise. Was heißt groß? Der Gewinn einer Olympiamedaille, der Erhalt eines Oscars, eine alpine Erstbesteigung, ein Platz in der Bestsellerliste, berufliche Karriere? Können derartige Erfolge auch dann noch zufrieden stellen, wenn die Leistungskraft am Ende ist?

Jedem Lebewesen ist nichts wichtiger als seine Ganzheit. Kein Mensch besitzt sie. Jeder sucht sie. Wobei meist vage Gefühle als Wegweiser dienen. Wie sollte sonst die opfervolle Sorge (es gibt sie noch) bei der Erziehung zu erklären sein? Bei Tieren ist es nicht anders. Streben nach Ganzheit zielt allgemein auf Erhaltung des Lebens. Im Irdischen aber ist das Leben der Geschöpfe begrenzt und stets gefährdet. Folglich überträgt die findige Natur dieses Streben auf die Gattung und gibt so das Leben weiter. Dem »Selbst« des Menschen genügt das nicht, es sucht die Ganzheit in sich. Wenn das Ich dem »Selbst« entfremdet ist, sucht es nach Möglichkeiten, diesen Trieb in der Außenwelt zu erfüllen.

Vollendete Ganzheit, das wäre Übereinstimmung mit dem universalen Sein. Es wäre ein geistiger Zustand. Hat dann nur die zum Denken fähige Gattung Mensch die Chance, irgendwann einmal diese Ganzheit zu erreichen? … Ja und nein. Ja, weil nur der Mensch über erkennenden Geist verfügt. Nein, wenn die Menschheit vergisst, dass sie die ganze Welt braucht, um überhaupt zum Denken und sinnvollem Handeln fähig zu sein.

WEG NACH OBEN

Bezöge man seine Ansichten über die Zukunftserwartungen allein aus linearem Denken, dann sähe die Zukunft düster aus. Wie die Geschichte zeigt, verlaufen Entwicklungen nicht linear. Großen unvorhergesehenen Ereignissen gehen in der Regel schwere Krisen voraus.

Auf krisengepflastertem Weg kam die Menschheit zu ihrem Denkvermögen, ebenso kam sie zur heutigen Zivilisation. Beides, das Denkvermögen wie die Zivilisation, ist ungenügend, aber es geht weiter. – Weiter nach oben? In Richtung friedlichere Welt mit höherer Lebensqualität? Im Moment ist das zwar schwer vorstellbar, gleichwohl geht es weiter, vielleicht sogar nach oben. Diese schwache Hoffnung ist dennoch wenig tröstlich. »Was«, fragt sich der leidgeplagte Zeitgenosse, »nutzt mir in weiter Ferne ein schönes Menschheitsziel? Bis das vielleicht erreicht ist, bin ich längst vergessen.« Das muss aber nicht so sein. Vielleicht ist die Schöpfungsevolution nah am Ziel. Immerhin hat sich der Mensch längst begrifflich des Seins bemächtigt, indem er es in Worte fasst – in Worte wie »Schöpfung«, »Gott«, »ewiges Leben«. Diese Leistung kommt nicht allein aus dem Verstand, Gefühle haben dabei den Hauptanteil. Gefühle reichen in Tiefen, die der Verstand nie ergründen kann. Weil jeder Mensch diese fruchtbare Tiefe in sich hat, kann man annehmen, dass niemand auf eine bessere Welt in ferner Zukunft warten muss. Sie ist ja in jedem Menschen enthalten, sie will nur aus der Tiefe herauswachsen dürfen.

Davon abgesehen wäre es interessant, zu wissen, wo unsere Zivilisation auf dem Weg zur Konkretisierung des Wesentlichen jetzt steht. Vom Standpunkt der modernen technikdominierten Zivilisation aus gesehen, steht sie höher als je zuvor. Hinsichtlich der ethischen

Kultur kann das nicht gesagt werden. Geschichtlich gesehen, könnte man sagen: Die Zivilisation war auf gutem Weg; nun hat sie, verführt durch die eigenen Erfolge, dem hellen Stern am dunklen Horizont den Rücken gekehrt. Sie orientiert sich nicht mehr am klaren Licht des Geistes, stattdessen am schillernden Glanz, den sie mit technischer Intelligenz der dunklen Materie abgewinnt. Im Bemühen vorwärtszukommen, rotiert sie jetzt mit zunehmender Geschwindigkeit vor einer dunklen Mauer.

EINFACH MAL GENAUER HINSEHEN

Sowohl Pessimisten als auch Optimisten haben ihre Zukunftsthesen. Beide sind von ihrem Standpunkt überzeugt. Solange die Menschheit nicht in der Lage war, sich selbst zu vernichten, spielte es keine große Rolle, welcher Standpunkt das Weltgeschehen dominierte. Jetzt aber, wo es um alles oder nichts geht, müssen Standpunkte emotionslos mit realitätsnahem Verstand und allem zur Verfügung stehendem Wissen geklärt werden.

Pessimisten sagen aus verständlicher Sorge: »Das Ende der Welt ist nah und niemand kann es verhindern.« Unerschütterliche Optimisten halten mit Fatalismus dagegen: »Es wird sich schon richten.« Realisten sagen nüchtern: »Die Lage ist ernst, aber nicht hoffnungslos.«

Würden sich die derzeitigen Verhältnisse in gerader Linie fortsetzen, hätten die Pessimisten gewiss recht. Die Ordnung der Natur käme noch tiefer ins Chaos, der Menschheit wäre die finale Katastrophe gewiss. Die Geschichte der Natur sowie die der Menschheit weist aber auf Brüche hin, die meist abrupt eine Richtungsänderung erzwangen. Nach Aufstieg folgte immer irgendwann Niedergang, nach Niedergang manchmal Aufstieg zu Neuem. – Drei Schritte vor, zwei zurück, so ist offenbar die Gangart der Natur. Auch die der Menschheit?

Wie aber soll es mit der »Rotation vor der Mauer« weitergehen? Wissenschafts- und Technikfreaks sagen, dass es mit Forschung und Innovation weitergehen wird. Vielleicht, so meinen sie, wird die Menschheit irgendwann einmal in den Weltraum auswandern. Vielleicht kann sie dann auch die Naturkräfte beherrschen und die Not und den Tod besiegen … In einem astronomischem Zeitraum wäre das vielleicht möglich. Bei dieser These aber sind nicht alle Parameter berücksichtigt. Der quantenphysikalische Bereich ist eher geistiger Art. Über den geistigen Anteil, den es in der Welt ja auch gibt, weiß man so gut wie nichts, ebenso wenig wie über das Leben an sich. Es könnte sein, dass Geist und Leben mächtiger sind als der materielle Anteil.

Alles spricht dafür, dass der elementare Lebensdrang seine Erfüllung weder auf der Erde noch im Weltraum erreicht, eher im Inneren des Menschen. Der Mensch hat das Potenzial, in sich selbst die Ursache und das Ziel des Lebenstriebs zu finden. Zweifellos verfügt er im Geist über Ewigkeitswerte.

Teil 4: Neue Perspektive

Vertraut und dennoch fremd

Das Leben ist eine exotische Blüte.

Missbrauchter Begriff

Uns modernen Menschen geht der Begriff »Gott« nur schwer über die Lippen. Wie viel Unrecht geschah und geschieht noch immer in seinem Namen! Wie viele blutige Kriege wurden und werden noch immer unter Berufung auf ihn geführt. Gäbe es den liebenden Gott, er ließe dies alles nicht zu ... Fakt aber ist, die grausame Welt ist nicht geistlos, und somit auch nicht gottlos. Wir bestaunen die Wunder der Natur und nennen sie göttlich, selbst hartgesottene Wissenschaftler kommen ins Schwärmen ... Wenn nur das Unrecht, das Leid und die Gräuel nicht wären.

Sollten etwa jene Psychologen recht haben, die da sagen, Gott sei ein Produkt menschlicher Fantasie? Ein Übervater sozusagen, dem man jene Verantwortung zuschiebt, die man selber nicht tragen möchte oder nicht tragen kann? Zu dem man mit der eigenen Schwäche flieht? Bei dem man in Verzweiflung Trost und Hoffnung findet? ... Solange »Gott« als Realität nicht begründet werden kann, ist er, das muss man gestehen, tatsächlich Produkt solcher Art von Fantasie – oder ist es vielleicht Intuition?

Viele, auch nüchtern denkende Menschen, glauben an eine intelligente Kraft, die im Universum wirkt. Viele halten sie wie Computerintelligenz für unpersönlich. Wer Computer in praktischer Anwendung kennt, weiß, dass sie ohne menschlichen Willen nicht vernünftig funktionieren, dass sie dumm und tot sind. Intelligenz ohne Selbstempfindung, gibt es das überhaupt? Wenn es eine sich selbst empfindende Maschine gäbe, wäre sie eine Persönlichkeit.

In der Natur sind intelligente Strukturen feststellbar. Da erhebt sich die Frage: Wie konnte die »tote« Intelligenz in der Schöpfung Leben hervorbringen? Vielleicht aus Zufall? Ist dagegen der Gedanke, dass Lebensformen als Reproduktionen des Lebendigen entstanden sind, nicht einfacher und natürlicher?

ZUMUTUNG

Die Schöpfung ein superintelligentes Wesen? ... Ja sogar empfindende Person? Das mutet unserer Vorstellungskraft allerhand zu. Vielleicht, weil man sich spontan ein menschenähnliches Wesen vorstellt. Aber Ähnlichkeit im System bedeutet noch lange nicht Ähnlichkeit in der Form. Eine Zelle unseres Körpers sieht auch nicht aus wie ein Mensch im Kleinformat, und ein Elementarteilchen sieht weder aus wie eine Zelle noch wie ein Mensch.

Die Schöpfung, ein lebendes Wesen? Ein Zentrum ist in ihr nirgends auffindbar. Ein lebender Organismus ohne steuerndes Zentrum? – Das kann nicht sein. Aber beim Menschen findet man auch kein eindeutiges Zentrum. Er muss jedoch eins haben. Ein materielles kann es nicht sein, denn wäre er mit einem materiellen Zentrum ausgestattet, dann wären alle seine Zellen nichts anderes als mechanische Teilchen. Seltsam ist: jede seiner Billionen Zellen verfügt über ein eigenes »Zentrum«, dennoch sind alle Zellen im Organismus zur Ganzheit verbunden. Das ist nur mit immateriellem Zentrum möglich, weil es außerhalb von Raum und Zeit alles miteinander verbinden kann. Dieses Zentrum ist wie nichts. Das trifft auch auf das Zentrum der Welt zu. Elementarteilchen sind fast wie nichts, sie sind nur spannungsgeladene Energiewolken. Dennoch sie sind die Grundlage des materiellen Seins.

Die Astrophysik weiß: Die Schöpfung ist ein organisches Ganzes. Kann ein derart aktives Ganzes ohne Zentrum funktionieren? Ohne Zentrum wäre es ein Chaoshaufen. Der Mensch hat auch kein eindeutiges Zentrum und ist trotzdem kein Chaoshaufen, jedenfalls solange sein Körper lebt.

Ein Zentrum ist beim Menschen zwar nicht feststellbar, aber ein Ziel seines Lebens. Ein Mensch kann viele Ziele in seinem Leben haben, über allem aber steht als oberstes Ziel das Leben selbst. Als Individuum auf materieller Basis erreicht er dieses Ziel nicht. In der Regel gibt er wie ein Stafettenläufer den Stab weiter an die nächste Generation. Die aber kommt auch nicht ans Ziel und muss den Stab abgeben. Auf materieller Ebene wird das Rennen nie gewonnen. Es gibt aber noch eine andere Ebene: die geistige.

In der Evolution verbinden sich Fragmente des Seins zu komplexitätssteigernden Systemen. So findet ein Aufstieg aus dem Chaos statt. Die denkbar höchste Komplexität wäre die Vereinigung der extremen Gegensätze des Seins: das Alles mit dem »Nichts«. Auf materieller Ebene ist das unerreichbar, wohl aber auf geistiger.

Das unauffindbare Zentrum ist potenziell im Menschen drin, und im Universum auch. Ist etwa das Universum der gesuchte Gott? ... Das kann nicht sein. Das Universum ist selber Geschöpf. Göttliches trifft nur auf das raumzeitlose Zentrum zu. Dieses ist mit dem universalen Sein, das mehr ist als unser Universum, identisch. Ist dann der Mensch, da er das gleiche Zentrum hat, ein kleines Abbild vom Universum? – Vielleicht sogar vom ganzen Sein und somit auch von Gott? Was ist Gott?

GOTT

Wenn das Universum, die Elementarteilchen und das Leben einem gemeinsamen System angehören, dann ist die Existenz »Gottes« keine Frage, er ist dann das omnipotente Zentrum aller Wesen und Dinge. Was uns dabei stört, ist, dass wir uns ihn nicht als Person vorstellen können – so ein Gedanke passt nicht in unser Weltbild.

Georg Simmel sagt zum Thema Persönlichkeit:

> »Es ist ganz irrig, dass Gott in dem Maße Persönlichkeit sei, in dem der Mensch ihn in seine Eigenbeschränktheit hinabzieht. Denn der Mensch ist kein Ganzes, er ist nur Teil eines Ganzen. Sein Dasein ist keine komplette Einheit, weil es durch die Erinnerung verknüpfte Momente ein zeitliches, Zusammengefügtes ist. Das verhindert sein eigentliches Persönlichkeit-Sein.
>
> In dem Maße, in dem das absolute Sein ein wirkliches zeitliches Ganzes ist, in dem alle Daseinsmomente über den Menschen hinausreichen, erfüllt es den Begriff der Persönlichkeit. Wie wir unsere ei-

gene unvollkommene Einheit zu dem Ich verdichten, das die Einheit in rätselhafter Weise darstellt, so kristallisiert die wirkliche Einheit des Weltseins zu einer restlosen Ichform, zu der absoluten Persönlichkeit, die wir Gott nennen.«

Gott ist nach dieser Definition keine von der Welt losgelöste Macht, er ist mitten in ihr und in uns.

Neil Armstrong sagte nach seiner Mondmission, dass ihm da draußen im All nirgends Gott begegnet sei. Vielleicht sagte er das im Scherz, aber es entspricht der allgemeinen Weltanschauung. Doch es gibt auch Menschen, die an Gott als die universale Kraftquelle im eigenen Inneren glauben. Bezeichnend ist, dass gerade Psychotherapeuten mit dieser Einstellung besonders erfolgreich sind.

Schwer zu verstehen ist allerdings, dass man von Gott nichts spürt. Von Allwissenheit ist bei uns, seinen Abbildern, keine Spur, und unsterblich sind wir auch nicht. Wie ein Ball schwebt unser Ich auf einer Fontäne des Seins. Wir können nur ein bisschen in unsere eigene Struktur hinein- und in die Welt ein bisschen hinausschauen. Was wissen wir schon über unsere organischen Prozesse und unser Unterbewusstsein? Und was vom Sein und seinen Welten? Jedes andere intelligente Geschöpf kann auch nur in begrenztem Maß in sich hinein- und aus sich hinausschauen, sei es noch so gewaltig wie etwa die Schöpfung. Nur »Gott« kann das, er ist ja Zentrum und Peripherie zugleich.

Und wie sieht es mit dem Gerede von der Unsterblichkeit aus? Unsterblichkeit setzt Vollkommenheit voraus. Niemand und Nichts außer »Gott« ist vollkommen, denkbar aber ist, dass unvollkommene Geschöpfe, die des Denkens fähig sind, durch Zuwendung zu »Gott« an seiner Unsterblichkeit teilhaben können.

Unser Universum, das ist ein Konglomerat aus Materie, Energie, Geist und Leben. Ist es das ganze Sein? Wäre es das ganze Sein, dann wäre es Gott. Weil es einen Anfang hat und irgendwann ein Ende haben wird, ist es nicht das ganze Sein und folglich auch nicht Gott. Es ist ein Kind »Gottes« – ein Kind mit allen Unarten. Und wir Menschen wiederum sind Kinder dieses Kindes – auch mit allen Unarten.

DER ZWEIFLER

Die Konsequenz aus der Feststellung, dass die Grundlage des Seins, der Welt und ihrer kleinsten Teilchen ein raumzeitloses Zentrum ist, wäre, dass Gott überall ist; dass sich niemand vor ihm verstecken kann, dass er uns besser kennt als wir uns selbst und dass er eine Person ist, die man ansprechen kann. Wenn es so wäre, dann wäre die Sprache Gottes die reine Realität, ebenso die Gefühle die aus unserem Selbst aufsteigen. »Wer Ohren hat der höre.« (Mathäus 11, 15)

In den Ohren eines Zweiflers ist das alles Unsinn. Er sagt: »Wenn es Gott gäbe, dann ließe er nicht so viel Unrecht zu.« Die Tatsache aber, dass es, rein physikalisch gesehen, den raumzeitlosen Nullpunkt am Grund der Materie gibt, lässt die These zu, dass Gott oder wie man es nennen mag, aus diesem Zentrum zu uns spricht.

»So ein Unsinn«, sagt dazu der Zweifler, »das ist doch alles Theorie.« Damit hat er allerdings recht, er sollte aber mit einer besseren Theorie überzeugen. Solange der Zweifler das nicht kann, bleibt es bei der These, dass Gottes Sprache die reine Realität ist und ohne sie nichts wirklich sein kann. Allerdings kann eingeräumt werden, dass sich Gottes Präsenz im Menschen verschieden manifestiert. Ein Beispiel: die Folter.

Im gläubigen Folteropfer ist Gott präsent, im Folterer auch, nur weiß er es nicht. Der Gefolterte hadert mit Gott: »Wie habe ich das verdient? Mein Peiniger hätte so etwas eher verdient.« Der Peiniger aber folgt nur den Impulsen aus seinem dunklen Ich.

Das Geschehen spielt sich auf zwei Ebenen ab: auf der Ich-Ebene und der Selbst-Ebene. Das Ich repräsentiert das Materielle, das Selbst die Potenz des Geistigen. Das Ich des Opfers empfindet Schmerz bis zur Unerträglichkeit und Angst bis zur Todesangst. Das Selbst hingegen ist im sicheren Bereich. Als raumzeitloses Zentrum am tiefsten Punkt der Seele ist es direkt mit der wahren Realität verbunden, also mit der Unvergänglichkeit. Das Einzige was dem Opfer gefährlich werden kann, ist der Wille des eigenen Ich. Es kann sich vom Selbst lösen und sich mit Hass nach außen wenden. Das Ich des Peinigers will mit Gewalt seinen destruktiven Willen durchsetzen. Dieser Wille kommt, weit entfernt vom Selbst, aus einem eng begrenzten und fremdbestimmten Ich-Radius. Dadurch beschädigt der Peiniger mit seinem Tun einen großen Teil seiner eigenen seelischen Substanz. Außen ist das nicht wahrnehmbar, innen, in der Seele, ist der Schaden groß. Unter diesem Aspekt ist das Opfer trotz allem Übel im Vorteil. Sein Selbst bleibt unbeschädigt, sein Anteil am wahren Sein bleibt erhalten.

Den echten Zweifler kann das nicht überzeugen. Ihm ist die erlebte Realität näher als die theoretische. – Er hat ja recht: Den emotionsbeladenen Augenblick empfindet das Opfer zweifellos total: ganz Schmerz, ganz Ohnmacht. Dennoch, indem das Opfer vom gottlosen Peiniger misshandelt wird, sagt Gott zum gläubigen Opfer: »Du bist mein Stellvertreter in der geistarmen Welt. Du wirst misshandelt, weil die Welt an Geistverlust leidet. Mit Geistzuwachs soll die ins Chaos gestürzte Welt aus dem Chaos befreit werden. Weil du in deiner Not mit deinem Glauben bei mir bleibst, besiegst du die Geistlosigkeit und wirst am ewigen Sein teilhaben; während dein Peiniger sich selbst dem Chaos ausliefert und darin untergeht.«

Im Verständnis des Zweiflers ist das lebensfremd. Er sagt: »Warum redet Gott nicht mit verständlichen Worten? Gott, falls es ihn überhaupt gibt, redet ins Leere. Wo ist Gott bei Naturkatastrophen, etwa bei einem Erdbeben? Wenn beispielsweise ein Mann mit seinem toten Kind im Arm verzweifelt nach der verschütteten Mutter sucht. Der ist doch nur noch Verzweiflung und Schmerz! In diesem Zustand hat der kein Ohr für Gottes Wort.« … Das muss selbst ein tiefglaubender Mensch zugeben … Vielleicht aber macht es ein gläubiger Mensch wie Hiob. Hiob haderte mit Gott, aber ohne dabei seinen Glauben zu verlieren. Unwissentlich stützte er damit die Position des Geistes in der geistarmen Welt.

Im Beispiel Erdbebenkatastrophe ist aber noch eine Botschaft, die jeder versteht. Nämlich: Mensch, du lebst in einer unfertigen Welt, da hat nun mal das Chaos Macht. Nirgends wirst du in dieser Welt vor ihm sicher sein. Du kannst dich vor ihm nur retten, indem du alles fahren lässt und deine Seele frei machst, sodass sie über dem Chaos steht.

»Na schön. Aber«, sagt dazu wahrscheinlich ein Zweifler, »wer kann sich so mir nichts dir nichts von allem, was ihm lieb ist, trennen? Und was ist mit dem unschuldigen Kind im Arm des Vaters, das ganz unsinnig sein frühes Leben geben musste?« Der gläubige Mensch sagt: »Gottes Wege sind unergründlich.« Die wahre Realität aus dem tiefsten Grund der Seele sagt dazu: »Gott ist, entgegen der üblichen Auffassung, nicht allmächtig. Die

Welt konnte nur entstehen, indem der Geist der Einheit ins Chaos gestürzt ist. Dieser Geist muss aus dem Chaos wieder herauswachsen. Das geht nur im Kampf des Guten (Hinwendung zur göttlichen Einheit) gegen das Schlechte (Auflösung im Chaos).«

Wenn es wirklich so ist, wie der gläubige Mensch sagt, dann ist der gute wie der schlechte Mensch mittendrin im Kampfgeschehen. Jederzeit kann sowohl der gute wie der schlechte zerstörerischen Kräften zum Opfer fallen. Würde Gott – wenn man diese Schöpferkraft so nennen möchte – das Schlechte verhindern, dann könnte es die Welt nicht geben. Die Welt konnte nur durch Machtverzicht Gottes entstehen und funktionieren. »Gott«, die Metapher für das Gute und das Sein, braucht als Gegensatz das Chaos und die ewige Veränderlichkeit der Vielfalt. Einheit ohne Gegensatz wäre ewiger Tod. Tod ist die Metapher für das Nichts. Absolutes Nichts kann es aber nicht geben, weil es von Ewigkeit her etwas gibt und künftig immer geben wird. Folglich tritt in endloser Folge Vielheit aus der absoluten Einheit hervor. Weil sich aber das Streben der Vielheit nach immer Mehr im Unendlichen verlieren würde, muss es der Anziehungskraft der absoluten Einheit nachgeben und sich vor der Auflösung im Nichts wieder der absoluten Einheit zuwenden. Das bedeutet: letztendlich wird, wie im Märchen, das Gute siegen.

Dennoch muss man auch dem Zweifler recht geben. Niemand, der tief im Elend steckt, kann mit Welterklärungen getröstet werden, schon gar nicht ein moderner Zivilisationsmensch, der ist normalerweise weit ab von der rauen Natur. Wir modernen Menschen erwarten Sicherheit in einer durchorganisierten Welt. Wir haben die elementaren Kräfte domestiziert. Sie dienen uns in vielfältiger Weise und sie helfen, den dunklen Teil der

Natur auszublenden. Wenn die finstere Seite dann doch einmal zuschlägt, sind wir fassungslos. Plötzlich sehen wir uns einer Welt gegenüber, die, wie wir meinen, längst überwunden sei.

Zum Schluss würde verständlicherweise der Zweifler sagen: »Wenn es einen liebenden Gott gäbe, hätte er besser die Welt nicht gemacht.« Vielleicht kann hier an Kinder aus gutem Elternhaus erinnert werden, die werden von ihren liebenden Eltern in einer Weise erzogen, die den Kindern nicht immer gefällt, die sie auch nicht verstehen. Dennoch wachsen und reifen sie daran.

DIE LAGE IST ERNST, ABER NICHT HOFFNUNGSLOS

Ist die Welt ein Gefängnis oder eher ein Übergangsbereich in eine bessere Welt?

SAME IM WIND?

Bei der Geburt eines Menschen ist sein Wesen unverfälscht und sein Verhältnis zu sich und zur Schöpfung stimmt. Falsche Erziehung, fehlgeleitetes Begehren und unergründete Ängste decken bald sein wahres Wesen mit Bergen falscher Werte zu. Sucht er dann als Erwachsener sich selbst, muss er viel Angehäuftes abtragen. Das ist leichter gesagt als getan. Echt ist kaum von Falsch zu unterscheiden. Falsche Werte sind so eingewachsen, als gehörten sie zum eigenen Wesen. Aus Angst vor Selbstdemontage werden sie mit Vehemenz verteidigt.

Mut zur Selbstdemontage würde sich lohnen, es brächte Befreiung von Fremdbestimmung und führte zurück zur wahren Realität. So ein gereinigtes und befreites Leben wäre zwar nicht unbedingt leichter, aber in jedem Fall reicher. Problem ist: In seiner besten Form würde es eher zur Schöpfung als zur Gesellschaft passen. Zum Schaden der Gesellschaft wäre das allerdings nicht. Fakt ist, dass ein Leben, das der Schöpfung angepasst ist, der Quelle des Lebens näher ist als eines, das der Gesellschaft angepasst ist.

Der Natur allerdings ist es egal, wohin sich ein Menschenleben entwickelt. Sie hat nur den Auftrag, Leben

hervorzubringen. Das macht sie nach dem Prinzip Pollen-
flug: Myriaden Samen streut sie aus, wenige kommen zum
Keimen. Allerdings sind Samen der Natur passiv, der einzelne Mensch hingegen hat den Vorzug, kein willenloser
Same zu sein, den der Wind irgendwohin blasen kann.

Kaum zu glauben – kaum bemerkt

Ein neugeborenes Kind kann der beste Lehrmeister für
jene sein, die den Weg zu sich suchen und wissen möchten, wo ihr Platz in der Schöpfung ist. Ihnen ist zu raten,
bei einem Kind auf die Entwicklung seiner Psyche und
seines Geistes zu achten. Die kostbare Fracht, die es in
diese Welt bringt, sieht man nicht. Es sind Spuren von
seinen Vorfahren, bis hinunter zum ersten Leben auf
der Erde und darüber hinaus bis in den Ursprung der
Schöpfung hinein. Man sieht dem kleinen Wesen nicht
an, wie dies alles in ihm arbeitet, wie es auf Eindrücke
von außen reagiert, diese mit seinem Potenzial vergleicht
und entsprechend seinen Fähigkeiten verarbeitet. Selbst
seine nächste Umgebung bemerkt nicht, dass es dabei
ist, eine lust- und leidvolle Ehe mit der Welt einzugehen,
und schwanger wird; und dass es schließlich einen »inneren Menschen« gebiert – den geistig-seelischen Menschen, die Persönlichkeit. Niemand sieht, ob sich der innere Mensch formt oder verformt; sogar das eigene Ich
bemerkt es nicht, es kann es allenfalls erahnen.

Wissenschaftlich ist gesichert, dass Gene Träger von
Erbinformationen sind, die bis in Urzeiten reichen. Der
Biowissenschaftler und Zellbiologe Rupert Sheldrake
geht noch einen Schritt weiter. Er sagt, dass den Lebewesen so etwas wie organisierende Felder zugrunde liegen,
die Erinnerungsvermögen enthalten. Nach dieser Auf-

fassung erben Lebewesen nicht nur Gene, sondern auch Entwicklungs- und Verhaltensgewohnheiten, nicht nur von ihren unmittelbaren Vorfahren, sondern auch von allen Vorfahren, bis in die Urwelt hinein. Diese These findet in C. G. Jungs Archetypen Bestätigung.

AUFS FALSCHE PFERD GESETZT

Der Glaube an die Seele – den inneren Menschen – ist weitgehend verloren gegangen. Das in einem Neugeborenen erwachende Bild von sich und der Welt wird von den Erwachsenen nicht als die Geburt eines psychischen Organismus gesehen. Man sieht darin eher einen geistigen Prozess auf biophysikalischer Basis. Darum bemüht man sich auch nicht, die geistige Leistungsfähigkeit eines Kindes auf die Pflege seines ganzheitlichen Wesens zu lenken. Stattdessen beschränkt man Erziehung auf die Konditionierung spezieller Fähigkeiten, die dem beruflichen, wirtschaftlichen und gesellschaftlichen Erfolg dienen sollen. Wie eine elektronische Maschine soll der reifende und auch der gereifte Mensch möglichst viel speichern und alles soll stets abrufbereit sein.

Dass hierbei etwas nicht stimmt, tritt immer deutlicher in Erscheinung. Kinder und Jugendliche wachsen mit Frust in eine kalte Welt hinein; leistungsfähige Erwachsene, die im Wirtschaftsprozess nicht oder nicht mehr Fuß fassen können, belasten übermäßig die Gesellschaft; Alte, Kranke und andere vom Arbeitsprozess ausgeschlossene Menschen fühlen sich wertlos und überflüssig.

Längst haben jene Wissenschaftler, die sich mit der Psyche befassen, erkannt, dass sowohl den Angepassten als auch den Herausgefallenen das allgemein gültige Weltbild und Gesellschaftssystem keinen wirklich brauchbaren Weg, der sie aus dem Dilemma hinausführen könnte, aufzeigen kann. Sie benennen aber deutlich den Mangel: Die Ganzheit jener Menschen ist auf der Strecke geblieben, ihre Persönlichkeit ist unentfaltet, ihre Psyche beschädigt. Man kennt das Übel und versucht zu helfen, aber bei dem immer noch vorherrschenden materiellen Weltbild vergebens.

ENDSTATION

Am liebsten denkt man nicht an den Tod, wenigstens nicht an den eigenen. Man weiß zwar, dass man ihm auf Dauer nicht entrinnen kann, meint aber, sofern man noch bei Kräften ist, bis dahin sei noch viel Zeit. Im Augenblick fühlt man sich, als würde man ewig leben, und verhält sich entsprechend. Man kümmert sich trotz des risikoreichen Lebens um zukunftsorientierte Geschäfte und neigt zu grenzenloser Lebensplanung. Aber immer mit mehr oder weniger Angst im Nacken ... der Tod, das unheimliche Geheimnis – daran denkt man besser nicht.

Eine der wichtigsten Fragen des Lebens klammert man gerne aus. Menschen, die sich dennoch damit beschäftigen, haben darüber ganz verschiedene Ansichten. Manche meinen, mit dem Tod sei alles aus. Andere glauben an ein Weiterleben der Seele in unbekanntem Jenseits. Wieder andere glauben an Wiedergeburt mit der Chance zur fortwährenden Entwicklung über viele Reinkarnationen, bis die Seele soweit gereinigt sei, dass sie in der Reinheit des Schöpfungsgeistes aufgehen kann.

Jede dieser Glaubensrichtungen ist bei genauem Hinsehen angreifbar. Die erste, die meint, mit dem Tod sei alles aus, lässt nur die Entwicklung der Art zu. Das geistbegabte Individuum wird zum Glied einer langen Ahnenkette reduziert. Seine Seele ist bedeutungslos und verschwindet im Dunkel der Zeit. Dem Streben der biologischen Evolution, die Schöpfung im Geschöpf zu integrieren, wird sie nicht gerecht. Die zweite, die vom Weiterleben in unbekanntem Jenseits ausgeht, würdigt zwar die Bedeutung der Seele, trennt sie aber nach dem Tod des irdischen Körpers von der Schöpfung und versetzt sie in eine jenseitige Sphäre, die nichts mehr mit dieser Schöpfung zu tun hat. Dort im Jenseits bleibt sie auf jenem Entwicklungsstand stehen, mit dem sie ankam. Sie ist ja aus dem dynamischen Schöpfungsprozess hinausgetreten. Ob das im Sinne der Schöpfung ist? Die dritte, die mit Wiedergeburt rechnet, gibt der Entwicklung der Seele eine Bedeutung, wie es im mächtigen Streben des Lebens nach Vollkommenheit tatsächlich zu erkennen ist. Sie übersieht dabei aber die fundamentale Bedeutung und Einmaligkeit des physischen Körpers. Sensibel stellt sie zwar fest, dass an ihm die Seele wächst und dass die Seele den Körper bei dessen Tod verlässt. Man ist der Meinung, sie trete in eine psychische Geister- und Dämonenwelt ein. Aber nun wird es doch bedenklich: Denn, entsprechend der qualitativen Beschaffenheit ihrer Struktur, sucht sich die Seele einen ihrer Struktur entsprechenden Fötus in einem Mutterleib und verbindet sich mit ihm, um ihn künftig in einem neuen Erdenleben als Instrument für ihren weiteren Entwicklungsweg zu benutzen. Das klingt zwar plausibel, aber man bedenke: Der Körper eines werdenden Menschen wird von einer fremden Seele besetzt und damit der Möglichkeit beraubt, seine eigene Seele zu entfalten. Das kann doch nicht im Sinn der Evolution des Lebens sein. Gewiss, in der Natur gibt es genug Beispiele von parasitärer Bemächtigung fremder Lebenskraft. Aber die Seele ist etwas Fundamentales. Es kann unmöglich in einem gesunden Organismus zwei Seelen gleichzeitig geben.

Gerne wird zur Verteidigung der Reinkarnationslehre das Phänomen der Rückerinnerung in der Hypnose herangezogen. Im hypnotischen Zustand kann vom Hypnotiseur die Erinnerung immer weiter im Lebensweg zurückgeführt werden, bis in die tiefste Kindheit, bis in den Mutterleib hinein, ja sogar noch weiter zurück. Das legt den Gedanken an Reinkarnation tatsächlich nahe. Aber es gibt dafür auch eine andere Erklärung: Das Erbgut des Menschen wird von Generation zu Generation weitergegeben. Jede Generation hinterlässt Spuren in der genetischen Substanz. Ein Mensch, der heute lebt, trägt von allen seinen Vorfahren Spuren in sich, bis hinunter zum Anfang irdischen Lebens und sogar noch darüber hinaus, bis zum Anfang der Schöpfung. Ist es da verwunderlich, wenn unter gewissen Umständen seltsame Erinnerungen wach werden?

Eine weitere Erklärung für das rätselhafte Rückerinnern ist möglich: Es kann im raumzeitlosen Kreuzungspunkt elementarer Energieströme liegen, wie sie beim Schöpfungssystem gegeben sind. Dieser Punkt ist im Wesenszentrum eines jeden Menschen sowie im Zentrum aller Lebewesen und Dinge. Aufgrund seiner Raumzeitlosigkeit ist er auf allen Ebenen deckungsgleich. Deshalb ist es durchaus möglich, dass vom Bewusstsein eines Menschen Impulse aus einem anderen Ordnungssystem aufgenommen werden können, über alle Räume und Zeiten hinweg. Hieraus erklärt sich das Rätsel der Telepathie und Inspiration – nebenbei bemerkt, auch die unausrottbare Religiosität.

Allerhand, was da passiert

Von der Tatsache, dass alle Zellen des Organismus in ihrem Wesenskern miteinander verbunden sind, ist eine Antwort auf die bisher kaum zu beantwortende Frage, was denn im Augenblick des Todes geschieht, zu erwarten.

Banale Wahrheit ist: Wenn der Leib stirbt, sterben die Zellen. Banal ist auch, aber kaum beachtet, dass sie zerfallen, weil die Verbindungen zum Zentrum, dem immateriellen Wesenskern, abreißen. Was dann geschieht, hängt vom Zustand des »inneren Menschen« ab. Er ist ja eine Mehrfachkopie:

1. vom Körper,
2. vom Körper plus der unbewusst erfahrenen Welt,
3. eine kombinierte Kopie vom eigenen Wesen, der Umwelt und Welt: das Ichbewusstsein.

Mit den ersten beiden Kopien hat der Wille nichts zu tun. Aber mit der dritten, dem Ichbewusstsein. An dieser ist er maßgeblich beteiligt. Ihre Qualität wirkt zurück auf die beiden ersten Kopien. Sie ist von entscheidender Bedeutung für den Verlauf nach dem physischen Tod. Wenn die dritte Kopie, das Ichbewusstsein, schlecht geraten ist, stimmt ihre Struktur weder mit der Kopie vom Körper noch mit der von der Welt überein. Das ist, so lange der physische Körper lebt, unerheblich – er trägt ja den »inneren Menschen«, egal ob dieser gut oder schlecht ist. Stirbt aber der physische Körper und der »innere Mensch« ist schlecht, dann hat dieser nichts mehr, das ihn trägt. In sich selbst geht er dann mitsamt seinem Ichbewusstsein verloren. Ganz anders sieht es aus, wenn der »innere Mensch« gut ist. Dann stimmt er mit der wahren Realität überein und wird von ihr getragen. Dann ist der Tod kein Sterben, sondern eine Umwandlung – wie bei Schmetterlingen. Die Biologen nennen so etwas holometabole Metamorphose, das heißt vollkommene Verwandlung, wobei sich die Form und teilweise auch die Funktionen ändern.

Dem Verstehen dieses natürlichen Sachverhaltes steht auch hier wieder das materielle Weltbild im Weg. Man meint, beim Sterben gehe die Grundlage für ein Weiterleben verloren. Dass das nicht unbedingt so sein muss, darauf weist sogar die Quantenphysik hin. Sie weiß, Energie ist unzerstörbar, und sie ist der beste Datenspeicher.

WUSSTEN DIE ALTEN MEHR?

In alten Schriften ist häufig vom zweiten Tod die Rede. Im »Ägyptischen Totenbuch«, Ausgabe von Gregoire Kolpaktchy (Scherz Verlag, 1970), heißt es:

> »Nach dem Tode und der vorübergehenden Verfinsterung des Bewusstseins, die ihm folgte, erwacht der Verstorbene und beginnt sich den neuen Lebensbedingungen anzupassen. Von nun an wird das Substrat eines Bewusstseins von der ›feinen Hülle‹ gebildet, welche von allen Gebrechen und Unvollkommenheiten des irdischen Lebens reichlich geerbt hat. Da die Hauptfunktion des Todes darin besteht, alles Unreine und Unvollkommene auszuschalten, wird jedes Substrat vom ›zweiten Tod‹ bedroht. Jene Gefahr des zweiten Todes ließ die Herzen der alten Ägypter erbeben. Dagegen ließ der erste (physische) Tod die Ägypter vollkommen gleichgültig, denn sie glaubten, die nötigen Maßregeln getroffen zu haben, um nichts dabei zu verlieren.«

In der Bibel ist mehrfach vom zweiten Tod die Rede. In »Die Offenbarung des Johannes« (2/11) steht: »Wer überwindet, dem soll kein Leid geschehen von dem zweiten Tod.«

Man braucht aber deshalb nicht in Panik zu geraten. Solange man lebt, hat man jederzeit die Möglichkeit, seinen Willen dem Zentrum des Seins zuzuwenden. Dann fügt sich alles ganz schnell von selbst in eine natürliche, lebensfähige Ordnung.

Nicht nur in das Thema Tod hatten die Alten tiefen Einblick, auch ihre Gedanken über die Schöpfung sind bemerkenswert. Das zeigt sich beim Vergleich mit moderner Wissenschaft. Die Sprache der Alten ist allerdings schwer zu verstehen; sie spricht in Metaphern, die heute nicht mehr geläufig sind. Die Fachsprache der modernen Wissenschaft wird allerdings auch nicht von jedermann verstanden.

Die Schöpfungsmythen der Alten handeln von Göttern, guten und bösen Geistern, von deren Tugenden und Untugenden, von Intrigen, Niedertracht und edlem Heldenmut, von Gewalt und Mord, verlorenen und gewonnenen Schlachten. Die moderne Kosmologie hingegen spricht – wenn man ihre komplizierte Fachsprache in einfache Sprache übersetzt – ganz nüchtern vom Wirken gegensätzlicher Kräfte und von Konstellationen physikalischer Spannungsfelder. Mit ein bisschen Fantasie kann man in der Schöpfung tatsächlich das Walten personifizierter gegensätzlicher Gewalten sehen. Man kann sich aber auch auf die Ebene der Vernunft begeben und versuchen, von da aus die Sache zu ergründen. Moderne Menschen lehnen in der Regel Mythen als unrealistisch ab, und Wissenschaftliches verstehen die meisten wegen der Kompliziertheit nicht. Folglich sind moderne Menschen ohne bestätigtes Weltbild. Das ist tragisch, und in der Geschichte einmalig.

Das Wissen, das wir heute haben, ermöglicht aber Vergleiche, die zu interessanten Intuitionen anregen. Wie etwa der Kosmos. Seine Präzision ist mit dem Biokosmos »Mensch« vergleichbar. Sogar einen Vergleich mit der menschlichen Fortpflanzung kann man wagen. Beim Menschen wächst durch Befruchtung einer weiblichen Eizelle mit einem männlichen Sperma in der Gebärmutter des weiblichen »Biokosmos« ein neues Lebewesen heran. – Könnte es vielleicht sein, dass unser Sonnensystem der Uterus der Schöpfung ist? – Zum Bild der »Leiter« und zum schleifenförmigen System würde es passen. Die Physik müsste dafür nicht umgeschrieben werden.

ALLEIN IM ALL?

Die Frage erhebt sich, ob wir uns nicht zu wichtig nehmen. In unserer Galaxie, die eine von Milliarden ist, gibt es viele andere der Erde annähernd vergleichbarer Planeten. Wie viele der Menschheit vergleichbarer Kulturen es da wohl geben mag? Dass wir trotz unserer leistungsstarken Sende- und Empfangstechnik bis jetzt nicht das geringste Anzeichen extraterrestrischen Lebens empfangen konnten, spricht in Anbetracht der unendlichen Weiten nicht gegen dessen Existenz.

Angenommen, der nächste Planet mit Leben und einer der unseren vergleichbaren Zivilisation, befände sich in unserer Galaxie und sei zehntausend Lichtjahre von der Erde entfernt (unsere Galaxie hat einen Durchmesser von rund hunderttausend Lichtjahren). Wie sollten wir von der Erde aus mit diesem Nachbarn kommunizieren? ... Wenn wir heute eine Nachricht in Form von Lichtsignalen oder Radiowellen an ihn abschickten, käme sie in zehntausend Jahren bei ihm an. Und wenn er umgehend antwortete, dauerte es wiederum zehntausend Jahre, bis die Antwort bei uns ankäme. In Anbetracht dieses physikalischen Problems brauchen wir uns über das Schweigen im All nicht zu wundern.

Aber, ist es für uns so wichtig, zu wissen, ob wir im Kosmos allein sind oder nicht? Bestenfalls könnte ein Zeichen fremden Lebens aus dem All uns vor dem Gefühl der Einsamkeit oder auch vor Überheblichkeit bewahren. Wichtig für uns ist doch, dass es uns gibt und dass wir mit unserem bisschen Hirn in der Lage sind, den Kosmos mit seinen Milliarden Galaxien überhaupt denken zu können. Schließlich ist es egal, von welchem Ort ein verlorenes Kind den Weg nach Hause findet. Hauptsache, es kommt gut an.

LITERATURVERZEICHNIS

Böhme, Jakob: Vom Geheimnis des Geistes, Stuttgart 1965

Campbell, Joseph: Die Masken Gottes, München 1996

Capra, Fritjof: Wendezeit, Bern, München, Wien 1982

Chopich, Erika, Margaret Paul: Aussöhnung mit dem inneren Kind, Freiburg i. Brsg. 1993

Cusanus, Nicolaus: Philosophische und theologische Schriften, Wiesbaden 2005

Dahlke, Rüdiger: Krankheit als Sprache der Seele, München 1992

Debon, Günther: Lao-tse Tao-Tê-king, Stuttgart 1961

Dürkheim, Karlfried Graf: Durchbruch zum Wesen, Bern, Stuttgart, Toronto 1954

Fichte, Johann Gottlieb: Die Bestimmung des Menschen, Stuttgart 1962.

Fromm, Erich: Die Seele des Menschen. Ihre Fähigkeit zum Guten und Bösen, Stuttgart 1979

Gell-Mann, Murray: Das Quark und der Jaguar, München 1994

Glaubrecht, Matthias: Alle Menschen sind Mischlinge, Bild der Wissenschaft 7/2002

Hawking, Stephen William: Eine kurze Geschichte der Zeit. Die Suche nach der Urkraft des Universums, Reinbek bei Hamburg 1989

Hegel, Georg Wilhelm Friedrich: Vorlesungen über die Philosophie der Geschichte, Stuttgart 1963

Heisenberg, Werner: Der Teil und das Ganze. Gespräche im Umkreis der Atomphysik, München 1969

Hemminger, Hansjörg: Die Rückkehr der Zauberer. New Age – Eine Kritik, Hamburg 1990

Hesse, Hermann: Weg nach innen, Frankfurt a. M. 1973

Horn, Klaus, Luhmann Niklas, Narr, Wolf-Dieter u.a.: Gewaltverhältnisse und die Ohnmacht der Kritik, Frankfurt a. M. 1974

Jäger, Willigis: Die Welle ist das Meer, Freiburg i. Brsg. 2000

Jung, Carl Gustav: Wirklichkeit der Seele, München 1995

Kolpaktchy, Gregoire: Das ägyptische Totenbuch, Bern, München, Wien 1970

Küng, Hans: Christentum und Weltreligionen, München 1984

Leibnitz, Gottfried Wilhelm: Monadologie, Stuttgart 1954

Lovelock, James: GAIA Die Erde ist ein Lebewesen, Bern und München 1996

Marcel, Gabriel: Das ontologische Geheimnis, Stuttgart 1961

Monod, Jacques: Zufall und Notwendigkeit, München 1971

Mumford, Lewis: Mythos der Maschine. Kultur, Technik und Macht. Die unfassende Darstellung der Entdeckung und Entwicklung der Technik, Frankfurt a. M 1980

Niethammer, Lutz: Posthistoire. Ist die Geschichte zu Ende?, Reinbek bei Hamburg 1980

Ortega y Gasset, Jose: Gott in Sicht, München 1969

Portmann, Adolf: Neue Wege der Biologie, München 1992

Reeves, Hubert: Schmetterlinge und Galaxien, München, Wien 1992

Sheldrake, Rupert: Das Gedächtnis der Natur, München 1993

Siegel, Bernie: Prognose Hoffnung, Düsseldorf 1988

Simmel, Georg: Philosophische Kultur, Neu-Isenburg 2008

Spengler, Oswald: Der Untergang des Abendlandes, München 1923

Steinvorth, Lutz: Warum überhaupt etwas ist, Reinbek bei Hamburg 1994

Tarnas Richard: Die Wege des westlichen Denkens, Hamburg 1999

Vaas, Rüdiger: Hawking & Co, Bild der Wissenschaft, Leinfelden-Echterdingen 5/2002

Virilio, Paul: Rasender Stillstand, München, Wien 1992

Weinberg, Steven: Die ersten drei Minuten. Der Ursprung des Universums, München 1977

Wilber, Ken: Halbzeit der Evolution, Frankfurt a. M. 2009

Zorn, Fritz: MARS. »Ich bin jung und reich und gebildet; und ich bin unglücklich, neurotisch und allein«, Frankfurt a. M. 1979